RESEARCH ON THE EDUCATION OF
COLLEGE STUDENTS' SOCIALIST CORE VALUES

大学生社会主义核心价值观教育研究

以大数据时代为背景
SET IN THE ERA OF BIG DATA

—— 李霄 著 ——

社会科学文献出版社
SOCIAL SCIENCES ACADEMIC PRESS (CHINA)

目　录

导　论

一　问题的缘起及研究意义

（一）问题的缘起

大数据的到来为人类开启了一场新一轮的认知革命。人类早已不自觉地卷入一场关乎自身命运与前途的变革之中。随着社会进步和信息技术的发展，计算机网络的普及使人们在网络环境中的一切思想与行为皆可转化为数据，无处不在的传感器和处理器不间断地对这些数据进行收集、分析，形成了一个一切皆可量化的大数据环境。数据经由相关系统的采集和积累，呈现海量化趋势。海量数据的增长使我们进入了一个数据爆发的大数据时代，这也意味着人类已经迎来了深度挖掘数据内在信息，数据具备核心价值的时代浪潮，该浪潮正在席卷全球各个领域。它正如哈佛大学商学院教授托马斯·H. 达文波特指出的那样："大数据及其分化将会在未来 10 年改变几乎每一个行业的业务功能。任何一个组织，如果早一点着手大数据的工作，都可获得明显的竞争优势。"① 不断发展的大数据已成为社会各领域的核心资源，对大数据资源的角逐正在展开。大数据的价值在于它可以"了解过去，塑造当下，预测未来"，"大数据对于人类社会的意义在于，其具有创造新的方法、明确新的战略框架和构建新的社会秩序的可能性"。②

大数据时代给予社会全方位变革的同时也改变着社会主义核心价值观教育。培育和践行社会主义核心价值观是党从坚持和发展中国特色社会主义、巩固全党全国人民团结奋斗共同思想基础的高度提出的一项战略任务

---

① 转引自涂子沛《大数据》，广西师范大学出版社，2012，第 69 页。
② 付玉辉：《大数据传播：技术、文化和治理》，《中国传媒科技》2013 年第 3 期。

和战略工程，具有重大现实意义和深远历史意义。而对青年进行社会主义核心价值观教育是确保社会主义核心价值观得以良好践行的关键。大学生作为青年群体的重要组成，不仅是社会主义核心价值观教育的主体，同时也是互联网和移动通信的"原住民"，大数据时代的生力军，是社会前进的主要动力源，也是整个社会进步的坚实基础，是社会新技术、新思想的前沿群体。大学生代表年轻有活力一族，是推动社会进步的栋梁之材。然而，改革开放 40 多年以来，社会风云激荡，我国社会在取得巨大经济进步的同时，社会文化和价值观也趋于多元和多样。在市场经济和科技迅速发展的激流之中，各种思潮滋长，隐藏着观念污垢。西方价值观源源不断地通过各种渠道向我国奔涌而来，与我国的价值观相碰撞，尤其是网络和大数据时代的到来，为社会各种元素的碰撞提供了重要载体。大学生在这样的碰撞中，因本身的年龄以及心理特征，成为社会中最敏感的群体，难免会在面对价值观碰撞时产生困惑。与此同时，社会主义核心价值观教育也面临诸多问题，形式过于表面，内容过于空洞，这些不仅不能够将社会主义核心价值观贯彻进大学生学习、生活等各个方面，而且会使大学生产生对此内容的逆反心理。怎样规避社会环境消极影响以及传统教育模式存在的问题，更好地推动大学生社会主义核心价值观教育，使教育理想与现实的差距拉近，提升教育质量，是当前社会主义核心价值观教育的一大难题。大数据时代的到来给予社会主义核心价值观教育以答案，它为大学生社会主义核心价值观教育中存在的种种难题的解决提供了崭新的思路。将大数据与社会主义核心价值观教育相融合，抓住战略机遇，集二者精华于一体，无疑为达到大数据时代大学生社会主义核心价值观教育的"光明顶"和推动国家大数据战略与教育相融合提供了路径。基于此，大数据时代的我国大学生社会主义核心价值观教育是值得深入研究的课题。

（二）研究意义

1. 理论意义

首先，本研究有助于拓展和构建社会主义核心价值观教育在大数据技术下的研究领域与理论体系。目前，我国哲学社会科学经过长足的发展已建立了基本学科体系，但其中仍存在诸多问题，学科之间的联系不够紧密，新兴交叉学科发展较薄弱。对此，要在加强马克思主义优势学科的基础之上，加快发展新兴交叉学科，扩宽研究视野和途径。大数据时代的到来预示大数据技术成为科学技术发展的前沿，运用大数据技术可以整体、精准、实时并且科学客观地掌握在社会主义核心价值观教育中大学生与教育工作者的实践活动全过程，尤其是对大学生以及教育工作者的思维和心理状况的精准图示和描述，为大学生社会主义核心价值观教育理论与实践提供了崭新的视角。本研究通过将大学生社会主义核心价值观教育与大数据相融合，实现哲学社会科学与自然科学学科的交叉，从而促进社会主义核心价值观教育体系在时代性、科学性等方面的新发展。

其次，本研究有助于构建大学生社会主义核心价值观教育与大数据之间的逻辑关系，探寻大数据时代我国大学生社会主义核心价值观教育的内在规律和本质属性。大学生社会主义核心价值观教育所研究的主客体均为人，就单独个人价值观来讲，价值观寓于人格之中，不仅伴随人成长过程的始终，而且作为潜在要素作用于人的成长过程。价值观与人的成长相辅相成，不可分割。它寓于人的各种关系之中，在人各种关系的决定与选择之间扮演重要角色。因此，价值观作为"普照的光"和"特殊的以太"，影响着人的发展。而大数据时代人对外部世界的感知自动地被折射到海量数据之中。大数据成为人与外部世界全部感知的载体。因此，本研究通过对大数据时代我国大学生社会主义核心价值观教育的研究，试图探析大学生社会主义核心价值观教育的本质。

最后，本研究有助于破解大学生社会主义核心价值观理论与实践中存在的诸多难题。大数据时代，引领大学生树立社会主义核心价值观，建立正确的价值导向是高校在大学生培养中责无旁贷的义务。而社会的千变万化、信息资讯的异常复杂导致高校在大学生社会主义核心价值观教育中存在许多无法破解的难题。这就需要教育工作者利用大数据技术有效地把握舆论导向、构建健康教育环境，分析大学生的个体差异，实现因材施教，推动教育从"工业化流水线生产"向"私人定制化"转变，为破解大学生社会主义核心价值观教育存在的难题提供基础和途径。

2. 现实意义

大学生社会主义核心价值观教育是一个系统工程，其所牵涉的内容与对象既广泛又抽象，这需要加强教育的顶层设计，统筹和协调各方面力量。大数据时代，社会全方位变革要求大学生社会主义核心价值观教育应顺应时代发展潮流，利用大数据技术发展大学生社会主义核心价值观教育，在教育思维、机制、方式方法、评价等方面进行创新。大学生社会主义核心价值观教育要从大学生实际出发，坚持问题导向，运用大数据对大学生社会主义核心价值观教育的构成要素进行精准分析，获取解决现实问题的渠道与方法，构建科学合理的教育体系，真正让社会主义核心价值观在大学生中得以贯彻，"入脑入心"，增强大学生社会主义核心价值观教育的有效性。对此，大数据运用于大学生社会主义核心价值观教育有以下现实意义。

其一，本研究有助于构建大数据与大学生社会主义核心价值观相融合的教育体系。大学生社会主义核心价值观教育与大数据属于不同的学科体系，将二者相融合既给大学生社会主义核心价值观教育和大数据的发展带来挑战，也给二者带来机遇。本研究在全面掌握和了解大数据时代以及大数据的相关概念和特征之后，系统、全面地分析大数据时代带给大学生社会主义核心价值观教育的挑战与机遇，对大学生社会主义核心价值观教育的现状与困境、原则和要求做出了相应的考察并进行了全面阐述，继而提出了构建大数据时代我国大学生社会主义核心价值观教育路径，大学生社会主义核心价值观教育体系得以建立。本研究对于系统开展大数据时代我国大学生社会主义核心价值观教育具有引导意义。

其二，本研究有助于推进大学生社会主义核心价值观教育的方式方法创新。大数据与大学生社会主义核心价值观教育相结合可以在教育方式方法中注入大数据技术的相关内容，将传统社会主义核心价值观教育的方式方法朝向精准、预测、个性与共享的方向发展，增强教育者与大学生之间的相互关系，规避在传统教育方式方法中存在的诸如手段机械单一、忽视大学生个体需求等相关问题，这有助于提升大学生社会主义核心价值观教育的质量和针对性。本研究对将大数据运用于大学生社会主义核心价值观教育以及教育方式方法的创新具有指导意义。

其三，本研究有助于探索大数据时代下我国大学生社会主义核心价值观教育运用大数据的实现路径。本研究探索在大学生社会主义核心价值观教育的实践中引入大数据的技术方法，利用大数据解决大学生社会主义核心价值观教育过程中存在的现实问题，丰富社会主义核心价值观教育渠道与方法，提升社会主义核心价值观教育在大学生群体中的有效性。本研究是对有关大数据运用到大学生社会主义核心价值观教育的实践探索，笔者以期通过本研究对变革教育工作者与大学生思维，开拓教育路径产生启迪意义。

二　国内外研究文献综述

关于社会主义核心价值观教育的研究自社会主义核心价值观提出以来一直被学者置于研究的重点范围之内，国内研究成果非常丰富。国外没有社会主义核心价值观这一说法，但对于价值观与大学生教育的研究不在少数。通过文献综述对已有成果进行梳理，笔者希望能为本书建立理论根基。

（一）国内研究文献述评

2006年10月，党的十六届六中全会通过的《中共中央关于构建社会主义和谐社会若干重大问题的决定》，第一次明确提出了"建设社会主义核心价值体系"[①] 这个重大命题和战略任务。至此，对于社会主义核心价值体系的研究一时间成为学术热点而被广泛关注。2012年11月18日，党的十八大报告首次提出："大力弘扬民族精神和时代精神，深入开展爱国主义、集体主义、社会主义教育，丰富人民精神世界，增强人民精神力量。倡导富强、民主、文明、和谐，倡导自由、平等、公正、法治，倡导爱国、敬业、诚信、友善，积极培育和践行社会主义核心价值观。"[②]

党的十九大报告指出："社会主义核心价值观是当代中国精神的集中体现，凝结着全体人民共同的价值追求。要以培养担当民族复兴大任的时代新人为着眼点，强化教育引导、实践养成、制度保障，发挥社会主义核心价值观对国民教育、精神文明创建、精神文化产品创作生产传播的引领作用，把社会主义核心价值观融入社会发展各方面，转化为人们的情感认同和行为习惯。"[③] 党的二十大报告进一步指出："社会主义核心价值观是凝聚人心、汇聚民力的强大力量。弘扬以伟大建党精神为源头的中国共产党人精神谱系，用好红色资源，深入开展社会主义核心价值观宣传教育，深化爱国主义、集体主义、社会主义教育，着力培养担当民族复兴大任的时代新人。推动理想信念教育常态化制度化，持续抓好党史、新中国史、改革

① 《十六大以来重要文献选编》（下），中央文献出版社，2008，第712页。
② 《十八大以来重要文献选编》（上），中央文献出版社，2014，第25页。
③ 《十九大以来重要文献选编》（上），中央文献出版社，2019，第30页。

开放史、社会主义发展史的宣传教育，引导人民知史爱党、知史爱国，不断坚定中国特色社会主义共同理想。用社会主义核心价值观铸魂育人，完善思想政治工作体系，推进大中小学思想政治教育一体化建设。坚持依法治国和以德治国相结合，把社会主义核心价值观融入法治建设、融入社会发展、融入日常生活。"①

　　由此可见，社会主义核心价值体系和社会主义核心价值观的提出成为我国现代化建设的价值指引，为社会发展指明方向。因本书题目涵盖大学生社会主义核心价值观教育、社会主义核心价值观、大数据、大数据时代等相关内容，笔者通过中国知网以"大学生社会主义核心价值观教育""社会主义核心价值观教育""大学生社会主义核心价值观培育与践行""大数据"并含"社会主义核心价值观""大数据时代"并含"社会主义核心价值观""大数据"并含"教育""大数据时代"并含"大学生社会主义核心价值观教育"等相关主题词进行检索，以 2006～2024 年为时间范围，以"大学生社会主义核心价值观教育"为主题词的直接相关论文为 8501 篇，以"社会主义核心价值观教育"为主题词的直接相关论文为 14944 篇，以"大学生社会主义核心价值观培育与践行"为主题词的直接相关论文为 3183 篇，以"大数据"并含"社会主义核心价值观"为主题词的直接相关论文为 461 篇，以"大数据时代"并含"社会主义核心价值观"为主题词的直接相关论文为 78 篇，以"大数据"并含"教育"为主题词的直接相关论文为 31581 篇，以"大数据时代"并含"大学生社会主义核心价值观教育"为主题词的直接相关论文为 17 篇。以此可见，我国关于社会主义核心价值观教育方面的研究成果颇为丰富，但大数据与大学生社会主义核心价值观以及大数据与社会主义核心价值观的相关研究比较薄弱，相对而言，在教育领域的研究成果诸多，为本书的研究提供了丰富的参考资源。通过对中国知网博硕学位论文全文数据库进行检索，同样以 2006～2024 年为时间范围，以"大学生社会主义核心价值观教育"为主题词的博士学位论文为 27 篇，硕士学位论文为 651 篇。以"社会主义核心价值观教育"为主题词的博士学位论文为 48 篇、硕士学位论文 709 篇。这充分说明我国学者高度关

---

① 习近平:《高举中国特色社会主义伟大旗帜　为全面建设社会主义现代化国家而团结奋斗——在中国共产党第二十次全国代表大会上的报告》，人民出版社，2022，第44页。

注社会主义核心价值观教育以及大学生社会主义核心价值观教育方面的研究。以"大数据"并含"大学生社会主义核心价值观教育"为主题词进行检索，检索出相关博士学位论文 3 篇、硕士学位论文 4 篇。以"大数据"并含"社会主义核心价值观"进行检索发现，无相关博士学位论文，硕士学位论文除上述 4 篇，仅有 1 篇直接相关。由此可见，对大数据时代与社会主义核心价值观相结合进行理论研究还处于起步阶段，值得深入论证。

为结合本书选题，笔者从"社会主义核心价值观教育""大学生社会主义核心价值观教育""大数据与大学生社会主义核心价值观"等方面对学术界已有研究进行归纳、梳理和总结，以期为本书研究奠定学理基础。

1. 关于社会主义核心价值观教育研究

通过中国知网对主题词"社会主义核心价值观教育"进行搜索发现，目前，学术界有关社会主义核心价值观教育研究的文献多限于大学生群体之中，将大学生社会主义核心价值观教育与社会主义核心价值观教育进行拆分，将范围限定在社会主义核心价值观教育中进行梳理发现，自 2013 年 12 月，中共中央办公厅印发《关于培育和践行社会主义核心价值观的意见》（以下简称《意见》）之后，多数学者将社会主义核心价值观教育表述为社会主义核心价值观培育，将研究内容与《意见》相结合，所以，本书将社会主义核心价值观教育与培育合并为社会主义核心价值观教育进行系统梳理。社会主义核心价值观教育研究主要集中于以下几个方面。

（1）社会主义核心价值观教育的重要意义。吴潜涛认为，积极培育和践行社会主义核心价值观的意义，主要体现在完善社会主义核心价值体系、使社会主义核心价值体系为群众认同和践行以及抵制资产阶级价值观的渗透三个方面。[①] 此后，吴潜涛又在三个方面基础上认为积极培育和践行社会主义核心价值观，是促进人的全面发展、引领社会全面进步的内在要求，也是实现全面建成小康社会宏伟目标的内在要求。[②] 同时，他也认为积极培育和践行社会主义核心价值观是全面推进依法治国、建设社会主义法治国家的根本要求，是全面深化改革、实现国家治理体系和治理能力现代化的

---

① 吴潜涛：《积极培育和践行社会主义核心价值观》，《中国教育报》2012 年 12 月 7 日。

② 吴潜涛、本刊记者：《积极培育和践行社会主义核心价值观的若干问题——访清华大学高校德育研究中心副主任吴潜涛教授》，《思想理论教育导刊》2014 年第 11 期。

题中应有之义①，也是全面从严治党的思想保障。② 韩振峰认为，首先，积极培育和践行社会主义核心价值观，是坚持用马克思主义中国化理论成果武装全党和人民，加强意识形态工作、推进社会主义精神文明建设的重要举措。其次，其促进国家主流价值观的形成、凝聚全党全国人民团结奋斗的力量。最后，其为抵御西方错误价值观的冲击提供理论武器和行为指南。③ 刘奇葆认为，培育和践行社会主义核心价值观有助于扩大主流价值观念的影响力，提高国家文化软实力；有助于整合社会意识，推进国家治理体系和治理能力现代化；有助于提升民族和人民的精神境界；有助于实现民族复兴中国梦。④ 同时，也有学者指出，积极培育与践行社会主义核心价值观具有紧迫性。吴潜涛认为，积极培育和践行社会主义核心价值观，不仅具有理论上的必要性，而且具有实践上的紧迫性。紧迫性源于，首先，思想文化领域存在一些非主流的、落后的思想观念和价值取向；其次，在社会道德领域存在令人担忧的道德失范现象；最后，在国家治理领域存在诸多亟待完善的空间。这些都给社会主义核心价值观带来冲击和挑战，所以培育和践行社会主义核心价值观具有紧迫性。⑤ 江畅也认为构建社会主义核心价值观面临现实的紧迫性，他认为紧迫性源于，第一，中国传统价值观被摧毁；第二，价值观多元；第三，市场经济的冲击；第四，中国的经济、科学技术日益强大，迫切需要价值观和文化作为支撑，需要提升本国本民族的文化软实力。⑥ 戴木才认为，改革开放给我国的社会发展带来的前所未有的巨大变化，但同时，也出现了一系列问题，尤其是价值观问题，所以迫切要求积极培育和践行社会主义核心价值观。⑦ 周中之认为，"社会主义核心价值体系反映了当代中国思想政治教育的主导性要求"，对当代中国思想政治教育提出了新的课题。⑧

① 吴潜涛：《培育践行核心价值观在实践层面的紧迫性》，《中国高等教育》2015年第5期。
② 吴潜涛、张新桥：《"四个全面"论域下培育和践行社会主义核心价值观新思考》，《社会科学战线》2015年第6期。
③ 韩振峰：《积极培育和践行社会主义核心价值观》，《中国编辑》2013年第6期。
④ 刘奇葆：《在全社会大力培育和践行社会主义核心价值观》，《党建》2014年第4期。
⑤ 吴潜涛、本刊记者：《积极培育和践行社会主义核心价值观的若干问题——访清华大学高校德育研究中心副主任吴潜涛教授》，《思想理论教育导刊》2014年第11期。
⑥ 江畅：《论当代中国价值观构建》，《马克思主义与现实》2014年第4期。
⑦ 戴木才：《做社会主义核心价值观的践行者》，《时事报告·大学生版》2013年第2期。
⑧ 周中之：《社会主义核心价值体系教育研究》，《思想教育研究》2008年第3期。

可见，学者们都关注到了价值观因外部原因与自身原因而产生的问题，这也反映出亟须培育和践行社会主义核心价值观的原因所在。

（2）社会主义核心价值观教育的基本原则。吴潜涛认为，积极培育和践行社会主义核心价值观，要注重从理论和实践的双重层面，深刻认识社会主义核心价值观在社会主义核心价值体系中的重要地位。要注重立足社会主义核心价值观应运而生的实际，准确把握社会主义核心价值观的重大意义。要立足于群众创造幸福生活的实践，不断增强群众对社会主义核心价值观的认同，进一步凝练社会主义核心价值观。他还认为积极培育和践行社会主义核心价值观，必须具体落实到对"24字"的价值理念的认同和践行上。① 韩庆祥认为，培育社会主义核心价值观要做到认清西方贩卖"普世价值"的本质，让人们认知社会主义核心价值观，增强人们对社会主义核心价值观的认同和在心灵上培育对社会主义核心价值观的敬畏之心。② 韩震认为，培育和践行社会主义核心价值观，必须面向民族文化的活力和新思想的创造力，要用中国话语表达中国的价值观，要用中国的价值观激发中华文化的生命力；必须面向国际交往和思想交流的道德制高点；必须有超越资产阶级的价值追求；必须面向世界和人类历史的未来发展方向。③ 白显良认为，开展社会主义核心价值观教育，有内外因两个方面的条件，内因为实现人们对社会主义核心价值观高度认同必须靠社会主义核心价值观教育，而社会主义核心价值观教育不能停留于表面的对基本内容的理解，而是要深入挖掘"三个倡导"④ 背后的价值内涵，深刻阐明每一个方面在人类价值认知与价值追求体系中的理论与实践方位，并努力联系资本主义社会当代实际，充分阐发社会主义核心价值观的价值优越性。在外因方面，要求社会主义核心价值观教育与社会生活相结合。⑤ 王学俭、李东坡认为，

---

① 吴潜涛：《培育和践行社会主义核心价值观重要意义的几点思考》，《思想教育研究》2015年第2期。

② 韩庆祥：《培育社会主义核心价值观要做到"四认"》，《光明日报》2015年7月15日。

③ 韩震：《培育和践行社会主义核心价值观必须着眼于先进性》，《北京日报》2013年12月30日。

④ "三个倡导"："党的十八大提出，倡导富强、民主、文明、和谐，倡导自由、平等、公正、法治，倡导爱国、敬业、诚信、友善，积极培育和践行社会主义核心价值观。"《党的十八大以来重要文献选编》（上），中央文献出版社，2014，第578页。

⑤ 白显良：《培育和践行社会主义核心价值观需要深化认识的几个问题》，《思想理论教育》2015年第10期。

培育和践行社会主义核心价值观，一要坚持理论性与实践性相统一；二要坚持历史性与现实性相呼应；三要坚持继承性与创新性相结合；四要坚持主导性与多元化相一致；五要坚持人本性与政治性相支撑；六要坚持整体性与层次性相结合。① 宇文利要求要树立社会主义核心价值观的价值权威；艾四林认为，培育社会主义核心价值观要将社会主义核心价值观讲准、讲透、讲明、讲实；王树荫认为，培育社会主义核心价值观也与诚信相关，所以要加强诚信教育，增强社会诚信。②

（3）社会主义核心价值观教育的路径机制。目前，学术界关于社会主义核心价值观教育的路径和机制有诸多研究成果。主要从以下几个方面展开：对社会主义核心价值观内容的深刻解读，树立榜样引领，做好舆论宣传，制度建设，文化熏陶，等等。代表性观点有以下几种。

刘奇葆认为，培育和弘扬社会主义核心价值观，要"综合运用教育引导、舆论宣传、文化熏陶、实践养成、政策制定、制度保障等方式，把社会主义核心价值观融入国民教育全过程，落实到经济社会发展各方面，使之内化为人们的精神追求、外化为人们的自觉行动"③。沈壮海认为，积极培育社会主义核心价值观，需从四个方面着手：第一，凝练社会主义核心价值观和探索社会主义核心价值观走进大众、深入人心的规律；第二，强化共建共享理念、党员和领导干部的示范引领，树立楷模榜样，对社会主义核心价值观的内涵和要求做差异化阐释；第三，在制度设计、制度举措、制度保障、制度支撑等方面进行建立；第四，利用新工具载体进行传播，融入日常生活，营造环境氛围以及通过注重因地制宜、因势利导来培育社会主义核心价值观。④ 张耀灿认为要立足于榜样文化来构建社会主义核心价值观长效机制。⑤ 韩震也认为党员、领导干部要有示范引领作用，并且认为社会主义核心价值观要与人民群众日常生活相结合。除此之外，他认为培育和践行社会主义核心价值观还应该贯穿于国民教育全过程，将社会主义

---

① 王学俭、李东坡：《培育和践行核心价值观的原则、路径和机制研究》，《中国特色社会主义研究》2014 年第 3 期。

② 宇文利、艾四林、王树荫：《社会主义核心价值观三人谈》，《前线》2014 年第 6 期。

③ 刘奇葆：《在全社会大力培育和践行社会主义核心价值观》，《党建》2014 年第 4 期。

④ 沈壮海：《把准社会主义核心价值观培育的着力点》，《光明日报》2013 年 1 月 5 日。

⑤ 张耀灿：《榜样文化：社会主义核心价值观培育机制的构建》，《学校党建与思想教育》2014 年第 13 期。

核心价值观注入经济发展和社会治理之中，用人民群众欢迎的话语表达方式打动群众。① 戴木才认为，"积极培育和践行社会主义核心价值观，不仅需要从基本内容、理论诠释、宣传教育、语言形式等方面系统推进，更需要从法理支撑、制度设计、实践转化等方面逐步确立"②。韩振峰认为，要加大社会主义核心价值观的宣传力度、教育力度和践行力度，分别从宣传和舆论引导两方面，通过融入不同层次教育和组织多种形式实践活动来培育和践行社会主义核心价值观。③ 秦宣认为，"培育和践行社会主义核心价值观必须将社会主义核心价值观纳入制度建设之中，要用法律来推动核心价值观建设"④。骆郁廷认为，培育社会主义核心价值有赖于思想政治教育，特别是价值教育。他认为，培育应该尊重差异与多样，在多元、多样、多变中把握主导统一和方向。⑤ 梅荣政认为，要坚持阶级分析，突出理想信念教育，要清楚我们要建设什么样的国家、建设什么样的社会、培育什么样的公民这三个问题，要在总体解读基础之上对要素进行阐述，同时，理论与实践要结合。⑥ 陈秉公认为，社会主义核心价值观要"高势位"建设，其中认为"高势位"建设的根本在于人的认知特性。⑦ 除此之外，冯留建认为路径应为理论认知、价值认同以及道德规范三个方面。⑧ 而杨鲜兰、刘怀元则从城市精神的角度来研究社会主义核心价值观的培育。⑨ 王易、安丽梅则从中国传统文化角度分析，认为在培育社会主义核心价值观时，应汲取传统家训精华，涵养和践行社会主义核心价值观。⑩ 吴潜涛认为，弘扬社会主义核心价值观，就要立足于中国优秀的传统文化，要重视中国传统文化与

---

① 韩震：《培育和践行核心价值观需注重方法和途径创新》，《光明日报》2014 年 1 月 15 日。
② 戴木才：《积极培育和践行社会主义核心价值观》，《光明日报》2012 年 12 月第 8 日。
③ 韩振峰：《积极培育和践行社会主义核心价值观》，《中国编辑》2013 年第 6 期。
④ 秦宣：《培育和践行社会主义核心价值观的制度保障》，《思想教育研究》2015 年第 2 期。
⑤ 骆郁廷：《论社会主义的核心价值》，《马克思主义研究》2014 年第 8 期。
⑥ 梅荣政：《领悟和践行社会主义核心价值观的三点思考》，《学校党建与思想教育》2015 年第 15 期。
⑦ 陈秉公：《社会主义核心价值观"高势位"建设基本理论研究》，《新长征》2017 年第 8 期。
⑧ 冯留建：《社会主义核心价值观培育的路径探析》，《北京师范大学学报》（社会科学版）2013 年第 2 期。
⑨ 杨鲜兰、刘怀元：《论城市精神与社会主义核心价值观》，《湖北社会科学》2015 年第 7 期。
⑩ 王易、安丽梅：《传统家训在培育和践行社会主义核心价值观中的作用探析》，《思想教育研究》2017 年第 8 期。

社会主义核心价值观的关系。① 张耀灿则认为社会主义核心价值体系可以起到引领校园文化建设的作用。② 从八大方面探讨了长效机制的建立。邱柏生、张洋认为，社会主义核心价值体系教育应按照不同分类标准，从不同角度进行研究和实践探索。③ 除此之外，邱柏生还从话语体系的角度分析了社会主义核心价值体系教育的开展。④

以此可见，学者们多方面、多角度地阐述了社会主义核心价值观培育与践行的路径，多数专家学者站在总领的高度进行了分析，为以后其他学者的研究指明了方向。

（4）社会主义核心价值观教育面临的问题与挑战。白显良认为，社会主义核心价值观教育应规避四个问题：第一，将社会主义核心价值观作为标签或者一个框架，不管其本身含义而随意将其用于其他地方；第二，把培育和践行社会主义核心价值观演绎成为关于概念、范畴的实践游戏；第三，社会主义核心价值观融入生活只浮于表面，没有深层渗透；第四，没有建立长效机制。⑤ 刘建军认为，高校在培育和践行社会主义核心价值观方面存在以下两个问题：第一，把高校培育和践行社会主义核心价值观的活动简单化、单一化了，把它仅仅当成了对大学生的要求；第二，领导和教师对社会主义核心价值观的理解和认同存在表面化、形式化现象，甚至不能严肃对待社会主义核心价值观。⑥ 综观社会主义核心价值观教育方面的研究发现，多数学者以习近平总书记的重要讲话以及中央文件为依托，着重分析了讲话与文件中的重要内容，领会了其中的重要精神，站在社会主义核心价值观的宏观维度从统领性、整体性角度对各个方面进行阐释，为大学生社会主义核心价值观教育方面的研究奠定了理论根基。但总体而言，多数学者并没有从实践方面以贴合大众的角度进行研究，只局限于理论层

① 吴潜涛：《弘扬传统文化是践行核心价值观的重要抓手》，《学习月刊》2014 年第 17 期。
② 张耀灿：《以社会主义核心价值体系引领和谐校园文化建设》，《高校理论战线》2012 年第 3 期。
③ 邱柏生、张洋：《社会主义核心价值体系教育的结构分析》，《思想理论教育导刊》2009 年第 12 期。
④ 邱柏生：《试论开展社会主义核心价值体系教育的话语体系支撑》，《思想理论教育导刊》2010 年第 11 期。
⑤ 白显良：《培育和践行社会主义核心价值观需要深化认识的几个问题》，《思想理论教育》2015 年第 10 期。
⑥ 刘建军：《高校培育和践行社会主义核心价值观的四个步骤》，《思想理论教育》2016 年第 3 期。

面，这也给后继学者提供了研究角度。

2. 关于大学生社会主义核心价值观教育研究

（1）大学生社会主义核心价值观教育的理论研究。其一，大学生社会主义核心价值观教育面临的挑战。大学生社会主义核心价值观教育面临的挑战分两个方面，一方面由大学生自身存在的问题所引发，另一方面是社会主义核心价值观教育中存在的问题。首先，梳理大学生自身存在的问题。徐柏才认为，大学生价值取向多元，渐趋理性；价值主体凸显，呈现分化；价值行为复杂，表现分离。① 肖贵清、武传鹏也认为大学生价值观多元化对价值观教育的挑战，包括理想信念动摇、个人利益至上和一切为了娱乐等。同时，他们还认为经济全球化和市场经济对主流价值观的冲击，也对大学生社会主义核心价值观教育带来了挑战。② 项久雨、任杰从践行角度分析，他们认为大学生也存在忽视自我道德修养、知行不一的缺陷，这给社会主义核心价值观教育带来挑战。③ 龙妮娜认为大学生受社会诸多复杂环境影响呈现"空心化"。④ 其次，梳理大学生社会主义核心价值观教育中存在的问题。肖贵清、武传鹏认为，高校思想政治理论课教学针对性、实效性不强和重知识传授、轻价值塑造是当前教育中存在的问题。⑤ 龙妮娜认为，教育方式过于单一也是目前存在的问题，除此之外，她还认为教育资源碎片化也是问题所在。⑥

其二，大学生社会主义核心价值观教育的路径。当前，学术界对大学生社会主义核心价值观教育路径的探索成果丰硕、角度各异。笔者通过综合梳理发现，关于大学生社会主义核心价值观教育路径的研究主要从以下几个角度出发。

---

① 徐柏才：《论大学生社会主义核心价值观构建的主要原则》，《理论月刊》2011 年第 10 期。
② 肖贵清、武传鹏：《社会主义核心价值观融入高校思想政治理论课的重要意义及其路径》，《思想教育研究》2017 年第 3 期。
③ 项久雨、任杰：《大学生践行社会主义核心价值观存在的问题及成因》，《学校党建与思想教育》2015 年第 11 期。
④ 龙妮娜：《大学生社会主义核心价值观教育联动协同机制研究》，《广西社会科学》2016 年第 6 期。
⑤ 肖贵清、武传鹏：《社会主义核心价值观融入高校思想政治理论课的重要意义及其路径》，《思想教育研究》2017 年第 3 期。
⑥ 龙妮娜：《大学生社会主义核心价值观教育联动协同机制研究》，《广西社会科学》2016 年第 6 期。

（1）从整体角度出发。从整体角度出发进行研究的学者在研究中体现的是综合格局，并未偏向于某一方面。代表性观点有以下几种。徐柏才、崔龙燕认为，大学生社会主义核心价值观教育首先应在理论研讨中坚守价值导向，包括加强思想政治理论学习，积极参加学术研讨，聚焦当代社会思潮；其次，在专业学习中提升能力素质，包括刻苦学习、打牢专业基础、学会思考、增强能力素质、广泛阅读、提升人文素养；再次，在社会实践中增强国家认同，包括在社会实践中增强对中国道路的认同，在社会实践中增强对中华文化的认同；最后，在社会交往中夯实道德基础，包括同学交往、师生交往、朋友交往和亲友交往。[①] 檀江林、项银霞等认为，大学生培育和践行社会主义核心价值观的实现基础在于培育，要通过理论灌输、宣传推广、社会实践等方式进行培育，关键在于践行，要通过个体践行、宣讲等方式践行。[②] 王树荫、石亚玲认为，"当代青年践行社会主义核心价值观必须做到勤学求知、崇德修身、明辨是非、知行合一、持之以恒"[③]。

（2）从部分角度出发。从部分角度出发进行研究的学者在研究中通常聚焦于某一角度。代表性观点有以下几种。冯刚、刘晓玲从"以文化人"的角度探析社会主义核心价值观培育与践行，认为文化是社会主义核心价值观的来源，滋养和支撑社会主义核心价值观。从"以文化人"角度践行社会主义核心价值观要注重科学性、规律性、时代性和实效性。在路径上，他们认为要将社会主义核心价值观融入教学、校园文化建设、网络文化建设、高校实践育人以及理论研究传播。[④] 李海春从环境角度分析了大学生社会主义核心价值观培育的路径，他认为，"高校这个价值观培育环境系统中，多个层级的环境作为互相影响的要素共同构成一个整体"。首先，应加强价值观理论体系建设；其次，要发挥思想政治理论课主渠道的作用；再次，要营造良好的高校人文环境，包括人文社科类课程的跟进和校园文化

---

① 徐柏才、崔龙燕：《大学生践行社会主义核心价值观路径探讨》，《思想政治教育研究》2015 年第 4 期。

② 檀江林、项银霞：《大学生社会主义核心价值观培育和践行的逻辑理路与实现路径》，《广西社会科学》2017 年第 7 期。

③ 王树荫、石亚玲：《当代青年践行社会主义核心价值观的科学指南》，《中国高等教育》2014 年第 2 期。

④ 冯刚、刘晓玲：《坚持以文化人深入推进社会主义核心价值观培育践行》，《思想理论教育导刊》2016 年第 1 期。

建设；最后，要整合社会环境和实践环境，包括整合家庭、社会文化环境和社会实践。以此看出，李海春虽然从环境角度来分析社会主义核心价值观培育的路径和方法，但是内容却没有过多地反映出环境要素对社会主义核心价值观教育的影响。① 杨业华、于雨晴从大学生敬业价值观视角出发研究了价值观的培育与践行。②

在路径方面，有学者将研究最后落脚于建立长效机制上，如韩振峰认为，"只有通过建立健全长效机制，才能切实提高新时期高校思想政治教育工作的针对性和实效性"。他认为，建立长效机制要建立协调管理机制，在思想政治理论课建设、思想政治工作队伍建设、校园文化建设以及校园媒体建设方面都要做好工作；要在物质和精神方面建立双动力驱动机制；要建立科学运行机制，在高校思政教育中上下级要相互结合，学校鼓励与教师积极性相结合；要建立条件保障机制；要建立考核评价机制和建立检查督导机制，确保教育任务落到实处。③ 冯刚、王振认为，要坚持社会主义核心价值观对大学生的思想引领，强化其精神动力；要关注大学生的需求与诉求，以人为本；要找准社会主义核心价值观与大学生成长发展的契合点；要在管理方面、校园文化方面改进创新，建立长效机制。④ 韩振峰主要从高校教育角度，更多偏向于高校行政管理角度来建立长效机制。冯刚、王振主要从学生角度出发来探讨长效机制的建立。张忠良从社会主义核心价值体系与高校思想政治教育相融合角度出发进行研究，他认为高校要把社会主义核心价值体系融入思想政治教育中，就必须深入进行社会主义核心价值体系教育，占领思想政治教育的主阵地，掌握主动权，"努力把大学生培养成为中国特色社会主义事业的建设者和接班人"⑤。刘贵芹要求社会主义核心价值体系与高校思想政治教育相结合的同时，还要求用社会主义核心

① 李海春：《高校价值观环境与社会主义核心价值观培育方法论析》，《思想教育研究》2017年第3期。
② 杨业华、于雨晴：《论大学生敬业价值观的培育和践行》，《思想教育研究》2015年第2期。
③ 韩振峰：《把社会主义核心价值体系融入高校思想政治教育的长效机制》，《思想政治工作研究》2012年第4期。
④ 冯刚、王振：《着眼大学生成长发展需求，构建培育践行社会主义核心价值观长效机制》，《思想理论教育导刊》2017年第2期。
⑤ 张忠良：《把社会主义核心价值体系融入高校思想政治教育之中》，《高校理论战线》2007年第5期。

价值体系教育大学生，要全面把握社会主义核心价值体系的科学内涵及其对大学生思想政治教育和大学生成长成才提出的新要求，全面贯彻党的教育方针，把全面实施素质教育作为高等教育工作的主题。① 徐艳国认为，要将社会主义核心价值体系融入高校学生党建工作。②

其三，关于大学生社会主义核心价值观教育存在问题的原因。徐柏才认为，大学生价值观出现问题的原因在于，理论素养匮乏导致辨别能力较差，压力过大产生非理性追求，人文教育缺乏影响人格健全，网络与社会现实影响价值选择。③ 项久雨、任杰认为，当前大学生价值观存在问题的原因在于，西方文化和价值观的冲击，社会转型期复杂环境的影响，网络媒体引导的实效性不强，高校宣传教育不够到位和大学生自己没有发挥自我的自觉能动性。④

（2）大学生社会主义核心价值观教育的不同研究维度。第一，日常生活维度下的大学生社会主义核心价值观教育研究。一是日常生活维度下的大学生社会主义核心价值观教育的缘起。关于从日常生活维度或者生活化维度对大学生社会主义核心价值观教育进行研究，目前学者们普遍认为从这一维度出发的原因在于社会主义核心价值观源于生活并且指导生活，代表性的观点有以下几种。石海兵、刘继平认为，大学生社会主义核心价值观教育的素材需要从生活中进行挖掘，同时，社会主义核心价值观教育的效果需要在生活中进行检验，所以，大学生生活与社会主义核心价值观之间相互依存。⑤ 任志锋认为，日常生活是社会主义核心价值观认同发生的根基，大学生对社会主义核心价值观的认同规范着日常生活，大学生社会主义核心价值观认同与日常生活相辅相成、相互促进。⑥ 陈灿芬认为，日常生活是社会主义核心价值观产生的根基，人的价值追求又源于对日常生活的

---

① 刘贵芹：《学习贯彻十六届六中全会精神用社会主义核心价值体系教育大学生》，《学校党建与思想教育》2006 年第 11 期。
② 徐艳国：《在高校学生党建工作中全面贯彻社会主义核心价值体系要求》，《学校党建与思想教育》2007 年第 8 期。
③ 徐柏才：《论大学生社会主义核心价值观构建的主要原则》，《理论月刊》2011 年第 10 期。
④ 项久雨、任杰：《大学生践行社会主义核心价值观存在的问题及成因》，《学校党建与思想教育》2015 年第 11 期。
⑤ 石海兵、刘继平：《论大学生生活与社会主义核心价值观教育》，《思想理论教育》2013 年第 3 期。
⑥ 任志锋：《大学生社会主义核心价值观认同的日常生活维度》，《教学与研究》2016 年第 12 期。

实际需求。① 苏景荣、叶荔辉认为，社会主义核心价值观源于生活又指导生活②。由此得出，从日常生活角度，大学生社会主义核心价值观存在的问题综合如下，即教育内容与大学生实际需求相分离、教育内容与大学生生活相分离、教育方式与大学生生活方式相分离。

二是日常生活维度下的大学生社会主义核心价值观教育的路径。石海兵、刘继平认为，要想增加教育的实效性就必须将社会主义核心价值观与大学生生活相结合。首先，要实现社会主义核心价值观教育与大学生生活的全面对接；其次，社会主义核心价值观教育内容要与大学生生活相结合；最后，要实现社会主义核心价值观教育引导与大学生主体性发挥的有机统一。③ 任志锋认为，在日常生活维度下促进大学生社会主义核心价值观认同应该做到：首先，研制科学的日常生活规范，提升大学生集体日常生活能力以及营造正常化的日常生活环境；其次，将日常生活与非日常生活的教育进行联动，建立价值引导与心理引导的协作机制，确保社会主义核心价值观对大学生日常生活全覆盖；最后，找准利益契合点、思维聚焦点和激活情感共鸣点。④ 陈灿芬认为，大学生在日常生活中践行社会主义核心价值观要在落细、落小、落实上下功夫，从日常行为规范做起，从日常学习生活点滴做起，发挥大学生榜样作用进而促进核心价值观教育大众化。⑤ 任志锋和陈灿芬都在文章中一致认为，要找到社会主义核心价值观与大学生的契合点，但关于契合点的认识各有不同，陈灿芬认为此契合点为大学生榜样，而任志锋认为的契合点为利益契合点、思维聚焦点和激活情感共鸣点。毛颖、王超从高校教育角度出发认为大学生社会主义核心价值观生活化教育应该首先通过生活化的课堂教育，构建大学生的理论认同机制，其次通过生活化的典型解剖，构建大学生的情感认同机制，最后通过生活化的实

---

① 陈灿芬：《日常生活新常态：大学生社会主义核心价值观培育的新视角》，《江西社会科学》2015 年第 8 期。
② 苏景荣、叶荔辉：《大学生社会主义核心价值观生活化培育问题探讨》，《中共福建省委党校学报》2016 年第 7 期。
③ 石海兵、刘继平：《论大学生生活与社会主义核心价值观教育》，《思想理论教育》2013 年第 3 期。
④ 任志锋：《大学生社会主义核心价值观认同的日常生活维度》，《教学与研究》2016 年第 12 期。
⑤ 陈灿芬：《日常生活新常态：大学生社会主义核心价值观培育的新视角》，《江西社会科学》2015 年第 8 期。

践体验，构建大学生的价值观内化机制。① 苏景荣、叶荔辉从另一角度分析，认为在大学生社会主义核心价值观教育中应当让社会主义核心价值观与大学生利益需求相对接，融入大学生的生活情境并且结合大学生独有的话语表达方式。② 柏路认为，在价值需求方面，应该使集体需求与个体需求、现实需求与长远需求、物质需求与精神需求相结合；在价值判断方面，应增强社会主义核心价值观说服力，包括增强社会主义核心价值观的内涵研究和以广大师生的关注为切入点进行教育，应提升社会主义核心价值观的传播力，包括加强舆情监督和引导，规范自媒体管理，应提升师生的价值甄别能力；在养成价值行为方面，要将抽象变具体，将被动变主动；在塑造价值追求方面，要凝聚价值共识，坚定理想信念。③ 由此可见，从日常生活角度进行大学生社会主义核心价值观教育的路径综合起来主要有以下几个方面：首先，应充分了解大学生的日常生活，只有在了解大学生生活的前提下才能够将社会主义核心价值观教育渗透进去；其次，了解大学生本身，只有了解大学生本身才能找到日常生活与大学生社会主义核心价值观教育的契合点；最后，教育者通过改变自身的惯性思维，打破单一灌输的教育方式，不再以和学生日常生活相脱节的教育内容对大学生进行教育，只有这样才能使教育得到良好效果。

三是日常生活维度下的大学生社会主义核心价值观教育存在的不足。有学者指出，在教育中存在的不足主要有几个方面，首先，对社会主义核心价值观理解不到位，导致不能将其与大学生日常生活相融合；其次，多数学者只是从理论上对在日常生活中开展大学生社会主义核心价值观教育进行讨论，并未提出实质的举措，理论过于空洞；再次，对大学生的了解并未从全方位、立体式的角度出发。

笔者认为，对大学生的了解除生活方式之外，还有心理、行为、偏好等多方面，而且影响大学生的日常生活态度的不仅仅只有学校这一种因素。

---

① 毛颖、王超：《大学生社会主义核心价值观生活化培育机制研究》，《高教探索》2017年第1期。
② 苏景荣、叶荔辉：《大学生社会主义核心价值观生活化培育问题探讨》，《中共福建省委党校学报》2016年第7期。
③ 柏路：《推进高校社会主义核心价值观生活化的四个着力点》，《思想教育研究》2017年第8期。

当然，也有学者对家庭与社会因素进行了讨论，但即便是学校因素，多数学者也并未能够将学校因素细化，也没有对大学生日常生活的各个环节进行细化研究。大学生日常生活因人而异，也有学者在此方面有所表述，但表述并不详尽，不同的大学生群体可能因为性别、爱好、习惯等差异而有着不同的生活方式，社会主义核心价值观来源于生活又指导生活，也只有差异化地分析和研究大学生才能够给出切实有效的教育方式方法，目前仅仅将大学生作为一个笼统的集合体而进行研究是远远不够的。

第二，网络维度下的大学生社会主义核心价值观教育。其一，网络维度下的大学生社会主义核心价值观教育的机遇与挑战。一方面，是网络维度下大学生社会主义核心价值观教育面临机遇。侯劭勋认为，互联网技术使社会关系重构，年轻一代掌握着互联网技术，这"让他们更加重视个体的存在和需求"。互联网技术也为大学生践行社会主义核心价值观提供了内生动力。[1] 另一方面，网络维度下的大学生社会主义核心价值观教育面临挑战。侯劭勋认为，在互联网社会中，网络社会的去中心化消解了人们对社会主义核心价值观的认同，互联网娱乐消费特征瓦解了社会主义核心价值观的引领功能，网络危及大学生价值观安全。张琼则从另一角度认为网络导致大学生政治信仰迷茫、价值观多元与功利、民族精神缺失、道德观念失范。[2] 何旭娟等以问卷调查方式开展网络与大学生社会主义核心价值观方面的研究，认为大学生在网络中践行社会主义核心价值观的内在动力不足，在网络中存在不良行为而且对在网络中践行社会主义核心价值观缺乏积极性，高校网络教育活动缺乏吸引力。[3] 关于大学生在网络中存在的不良行为现象，于安龙也在其文章中有所体现，但他是从道德方面加以阐述，认为大学生在网络环境中存在道德失范，主要有：轻信网络谣言，传播虚假信息；肆意攻击谩骂，参与语言暴力；沉溺网络游戏，迷恋网络色情；无视他人权益，形成网络侵权。[4]

---

[1]　侯劭勋：《互联网环境下大学生认同与践行社会主义核心价值观的思考》，《思想理论教育》2018 年第 4 期。

[2]　张琼：《网络境域下大学生社会主义核心价值观认同探析》，《思想教育研究》2013 年第 4 期。

[3]　何旭娟等：《网络环境下大学生践行社会主义核心价值观的现状与对策》，《湖南社会科学》2017 年第 5 期。

[4]　于安龙：《虚拟的网络与真实的道德——大学生社会主义核心价值观培育的网络道德之维》，《中国青年研究》2016 年第 8 期。

综上所述，网络与大学生社会主义核心价值观之间相融合产生的问题主要有以下几个方面。首先，网络消解对社会主义核心价值观的认同；其次，网络引发大学生的政治信仰迷茫；再次，网络引发大学生道德失范；最后，社会主义核心价值观教育与网络特点相脱节。但这些问题是网络造成的还是大学生本身所固有的还有待考证。例如，多数学者认为互联网的出现使得社会呈现多元与多样化的状态，大学生在网络环境中具有超高的参与性与自由度，从而网络消解了大学生对社会主义核心价值观的认同。但多数学者并没有看到大学生本身就具有多样差异性，而社会本身就是多元与多样并存，并不是因为互联网的出现才摒弃单一走向多元，而是一直以多样化的形态出现，所以，关于网络环境中的大学生社会主义核心价值观教育研究较少地注意到大学生自身差异以及社会本身，仅仅将视野局限于网络的弊端。大学生在网络环境中只参与感兴趣的，那么对社会主义核心价值观教育是否是大学生感兴趣的应该存疑，此外，大学生在社会主义核心价值观教育过程中怎么参与、怎么拥有自由这点，从目前的研究来看仍旧存于表面。所以，增加大学生的参与度与自由度能够收到较好的教育效果，前提是要建立在充分了解大学生自身特点的基础之上。

其二，网络维度下的大学生社会主义核心价值观教育路径。侯劭勋从宏观治理、中观传播、微观实践方面出发，认为在互联网环境下对大学生进行社会主义核心价值观教育要推动大学生对社会主义核心价值观的情感认同，教育要符合大学生在网络中的话语表达方式，在传播方面要营造氛围，改变传播方式，增进大学生认同，挖掘社会主义核心价值观题材，创新社会主义核心价值观传播渠道和载体并且打造大学生实践平台。[①] 毛鸽则从互联网文化角度来阐述路径，其认为，第一，要完善校园互联网文化教育体系，包括要坚持社会主义先进文化为教育发展方向，提升网络文化产品的质量与供给能力，强化网络舆论环境建设，鼓励学生文明上网；第二，要发挥校园网服务功能；第三，要开展网络文化活动。[②] 张琼也认为要构筑社会主义核心价值观网络教育平台，营造校园网络文化氛围和开展校园网

---

① 侯劭勋：《互联网环境下大学生认同与践行社会主义核心价值观的思考》，《思想理论教育》2018 年第 4 期。

② 毛鸽：《互联网新常态下大学生社会主义核心价值观的培育》，《山东社会科学》2016 年第 S1 期。

络文化活动，她还提出要使互联网与社会实践相结合。[①] 同样，何旭娟等也认为核心价值观教育路径包括校园网络平台建设、掌握大学生话语表达、树立党员和学生干部榜样、丰富网络教育活动、加强大学生在网络中的行为管理。除此之外，她还认为应提升网络教育队伍水平，打造校园"网红"来传播社会主义核心价值观，以奖励等形式激发学生践行动力。[②] 于安龙认为关于网络道德生成路径，除去上述观点之外，还要增强大学生自律与慎独意识。[③]

通过梳理发现，学者们认为，在网络环境中，大学生社会主义核心价值观教育路径主要集中于以下几种：构建网络教育平台；教育要贴合网络环境下大学生的话语表达；丰富实践活动，树立榜样；营造社会主义核心价值观的网络氛围；增强舆论引领以及提升教育队伍水平。从学者们对路径的研究分析中可以看出，较少有将互联网本身与社会主义核心价值观教育相连接的内容出现，在网络环境研究角度中，较少有学者可以从互联网自身特征出发来研究培育路径，对于应该做的部分探讨较多，但是对于怎么做的部分鲜少研究，并且对于互联网教育模式与传统教育模式之间的差异性表述较为含糊。

第三，新媒体维度下的大学生社会主义核心价值观教育。在新媒体视域中，目前学者多从新媒体给大学生社会主义核心价值观教育带来的挑战与解决路径着手进行分析，也有学者探讨了新媒体的积极作用。王双群、潘学良在其文章中有所表述，他们认为利用新媒体，可以扩大社会主义核心价值观教育的覆盖面、时效性与生动性。[④] 唐雪莲、岳柏冰从新媒体特点出发来阐述其积极作用，比如新媒体信息量大、操作便捷、及时性与互动体验性强，但其没有站在社会主义核心价值观教育角度，在积极作用方面没有将两者进行融合。[⑤] 孙兰英、任怡康认为，新媒体有助于提升大学生对

---

① 张琼：《网络境域下大学生社会主义核心价值观认同探析》，《思想教育研究》2013 年第 4 期。

② 何旭娟、邓敏、张元强：《网络环境下大学生践行社会主义核心价值观的现状与对策》，《湖南社会科学》2017 年第 5 期。

③ 于安龙：《虚拟的网络与真实的道德——大学生社会主义核心价值观培育的网络道德之维》，《中国青年研究》2016 年第 8 期。

④ 王双群、潘学良：《新媒体与大学生社会主义核心价值观培育》，《湖北社会科学》2014 年第 11 期。

⑤ 唐雪莲、岳柏冰：《新媒体环境下大学生社会主义核心价值观养成教育》，《理论视野》2014 年第 6 期。

社会主义核心价值观的理论认知，加强价值观教育反馈，可以促进价值观教育内化。①

从价值观角度出发阐述，孙兰英、任怡康认为，挑战为信息传播复杂化，影响价值判断；网络信息的传播速度快，内容通俗浅显但容易肤浅、世俗化和过时，增加了价值观培育难度；网络虚拟缺乏道德约束力；参与主体多元，导致媒体引领性与权威性减弱，即议程设置功能减弱。② 王双群、潘学良认为新媒体对大学生树立正确理想信念、道德观念、价值体系以及大学生身心健康成长带来挑战。③ 赵金广认为，新媒体挑战为威胁大学生社会主义核心价值观完整与牢固性，帮助西方发达国家进行价值观渗透，对大学生心理和道德产生负面影响，助长了消费文化和享乐主义。④

关于在新媒体环境中大学生社会主义核心价值观教育的路径探析存在两个角度，一是从新媒体角度，二是从教育角度。从新媒体角度出发的观点主要有以下几种。王功敏认为，首先，要强化传统媒体与新媒体的信息交互机制，利用新媒体增强社会主义核心价值观的隐性教育；其次，要优化选择引导机制；再次，要改进接受反馈机制；最后，要完善管理干预机制。⑤ 赵金广认为要利用新媒体建立网络思想政治教育网络平台，发挥新媒体技术先进特性，控制其对大学生价值观的负面影响；改进传统教育方式，加快新媒体法规建设，对其进行监管，利用新媒体改变教育方式，激发大学生的积极性。⑥ 田霞、范梦以问卷调查方法研究新媒体对大学生社会主义核心价值观教育的影响，认为应该：首先，优化信息交互机制，在网络中大力投放社会主义核心价值观内容并多方位解读其内涵，丰富社会主义核

---

① 孙兰英、任怡康：《新媒体视域下大学生社会主义核心价值观培育的途径探析》，《天津大学学报》（社会科学版）2016 年第 1 期。

② 孙兰英、任怡康：《新媒体视域下大学生社会主义核心价值观培育的途径探析》，《天津大学学报》（社会科学版）2016 年第 1 期。

③ 王双群、潘学良：《新媒体与大学生社会主义核心价值观培育》，《湖北社会科学》2014 年第 11 期。

④ 赵金广：《论新媒体技术条件下大学生社会主义核心价值观的培养》，《河北学刊》2014 年第 5 期。

⑤ 王功敏：《新媒体环境下大学生社会主义核心价值观教育的机制构建》，《思想理论教育导刊》2015 年第 9 期。

⑥ 赵金广：《论新媒体技术条件下大学生社会主义核心价值观的培养》，《河北学刊》2014 年第 5 期。

心价值观传播方式；其次，利用网络媒介资源丰富思政课堂教育内容；再次，开设网络媒介使用课程，将社会主义核心价值观融入其中，创造出适合网络媒介素养教育的校园文化；最后，要提升大学生的政治参与能力，加强参与意识，激发其对社会利益的关切。① 从教育角度出发的观点主要有以下几种。唐雪莲、岳柏冰认为，要建立新媒体虚拟学习社群/社区，营造健康的网络舆论场，加强大学生媒介素养教育。② 孙兰英、任怡康也认为，要营造健康的舆论环境，同时也要构建健康和谐校园网络文化，创建多元参与的教育环境，提高主体意识。③ 王双群、潘学良认为运用新媒体增加社会主义核心价值观教育时长，增强教育效果和增加教育手段，开展隐性教育、消解逆反心理，丰富教育形式，运用新媒体为大学生答疑解惑。张蓉蓉、白林立认为，要加强理想信念教育，网络部门要完善规章制度，对网络进行监管，利用新媒体使社会主义核心价值观融入网络，开办网站，加强舆论引导。④

在新媒体视域中研究大学生社会主义核心价值观的学者普遍都将研究内容偏向于传播学领域，都具有传媒学内容。在此视域中，学者较网络视域中的研究更加贴近技术本身，多数学者能够从技术的特点出发，将其与社会主义核心价值观相融合。

通过搜索相关文献发现，在目前的学术成果中还存在关于自媒体与大学生社会主义核心价值观教育的研究。但也有学者将研究视域限于新媒体，而就新媒体与自媒体的关系，吴潮曾在《新媒体与自媒体的定义梳理及二者关系辨析》一文中将二者关系表述为"自媒体从属于新媒体"。所以，在自媒体视域中研究大学生社会主义核心价值观教育的成果应与新媒体视域中的研究成果具有一致性。但陶韶菁在其文章《自媒体的传播特性与大学生社会主义核心价值观教育》中提到自媒体传播的小微化，"自媒体传播的

① 田霞、范梦：《新媒体环境下大学生社会主义核心价值观教育影响因素及对策研究》，《思想理论教育导刊》2016 年第 12 期。

② 唐雪莲、岳柏冰：《新媒体环境下大学生社会主义核心价值观养成教育》，《理论视野》2014 年第 6 期。

③ 孙兰英、任怡康：《新媒体视域下大学生社会主义核心价值观培育的途径探析》，《天津大学学报》（社会科学版）2016 年第 1 期。

④ 张蓉蓉、白林立：《利用现代媒体培养大学生社会主义核心价值观》，《兰州大学学报》（社会科学版）2012 年第 6 期。

小微化突出表现为对微观叙事的关注"。这一点，在新媒体视域中并未发现有学者提出。但微小化传播是微文化的特质。

关于微文化与大学生社会主义核心价值观教育。于安龙、刘文佳指出："微文化是指以互联网为依托，在短时间、细容量、小渠道中传播的，注重个体与微观的观念模式和行为方式的精神现象。"他们认为微文化使大学生价值观多元，冲击和消解社会主义核心价值观的影响，并且传播的个体化也使大学生不能正确理解社会主义核心价值观。他们认为，应该对微文化传播方式进行监管，巩固社会主义核心价值观的领导权，借助微文化重构大学生社会主义核心价值观教育的领导权。[1] 唐平秋认为，微文化冲击并且弱化大学生对传统文化和主流价值观的认同，微文化引发的微社交增加了大学生价值观的认同难度的同时，各种思潮也以微文化为载体进行传播，加深了认同危机。所以，唐平秋认为要加强网络媒体的阵地建设，增强微文化领导权和话语权，加强法律约束和网络监管，增强道德教化和弘扬传统文化，增强学生的文化自觉和自信。[2]

第四，高校思想政治理论课与大学生社会主义核心价值观教育。关于社会主义核心价值观与高校思想政治理论课相结合有两种维度，一是在整体上将社会主义核心价值观融入高校思想政治理论课；二是在具体课程上将社会主义核心价值观与思想政治理论课的某一科目相结合。顾海良在《高校思想政治理论课"要坚持在改进中加强"》文章中全面解读了习近平总书记在全国高校思想政治工作会议上对高校思想政治理论课提出的"要坚持在改进中加强"的总体要求。他认为，要把巩固和发展中国特色社会主义制度，增强"四个自信"，作为思想政治理论课"三进"（进教材、进课堂、进头脑）工作的新内涵，作为在改进中加强思想政治理论课的新要求。要增强对思想政治理论课的信心信念，提高课程质量，提升课程水平。要把握和理解立德树人，增强思想政治理论课"要坚持在改进中加强"的自觉性和自信力。要提升思想政治理论课的亲和力和针对性。在课堂教学中要更好地满足学生成长的理论需要和学习期待。要坚持以马克思主义为

---

① 于安龙、刘文佳：《微文化对大学生社会主义核心价值观教育的影响及对策》，《中国青年研究》2014 年第 11 期。

② 唐平秋：《微文化背景下大学生社会主义核心价值观认同危机及治理路径》，《探索》2015 年第 1 期。

指导，全程育人和全方位育人。^① 顾海良教授的深刻解读为社会主义核心价值观与高校思想政治理论课相结合的研究明确了方向。

关于从整体出发将社会主义核心价值观融入高校思政课程的路径。通过梳理学者们的观点，笔者认为，对于路径的分析，学者主要从两个角度出发进行研究，一是从社会主义核心价值观角度出发，以社会主义核心价值观为"主角"；二是从教育角度出发，主要研究在教学中应怎样坚持社会主义核心价值观。从社会主义核心价值观角度出发的观点主要有以下几种。张雷声认为把社会主义核心价值观融入高校思想政治理论课的前提条件是要增强大学生对社会主义核心价值观的认同度，包括坚持主导性，尊重多样性；坚持理想信念，正视社会现实；把握社会主义核心价值观基本内涵，加强社会实践。要加强思想政治理论课教师对社会主义核心价值体系的研究。要求教师对社会主义核心价值观的内容、建设规律和科学性进行研究。要把握社会主义核心价值体系在思想政治理论课教学中的完整性，不能仅在一门课中体现局部内容，而是应该把社会主义核心价值体系的全部内容融入思想政治理论全部课程之中。^② 陈锡喜认为社会主义核心价值观教育应该贯穿于思想政治理论课教学全过程。要把社会主义核心价值观践行与实现中国梦的目标相结合。^③ 陈锡喜的研究角度除了站在社会主义核心价值观立场外，还更多地偏向于从更高的角度，结合国家大政方针路线进行研究。从教育角度出发的有以下几种。肖贵清认为："应主要从教学理念、教学内容、教学方式三个方面推进社会主义核心价值观融入思想政治理论课教学。"在教学理念上，他认为要始终明确高校思想政治理论课是价值观教育；在教学内容上，他将高校思想政治理论四门课程区别表述；在教学方式上，他认为要遵循"三贴近原则"，开展专题教学、问题探究教学、新媒体教学和实践教学。^④ 周琪认为将社会主义核心价值观融入思想政治理论

---

① 顾海良：《高校思想政治理论课"要坚持在改进中加强"》，《思想理论教育导刊》2017年第1期。

② 张雷声：《把社会主义核心价值体系融入思想政治理论课的教育教学》，《高校理论战线》2012年第4期。

③ 陈锡喜：《关于社会主义核心价值观教育贯穿高校思想政治理论课教学全过程的思考》，《思想理论教育》2015年第6期。

④ 肖贵清、武传鹏：《社会主义核心价值观融入高校思想政治理论课的重要意义及其路径》，《思想教育研究》2017年第3期。

课，首先，应当创设生活情境，从大学生日常生活中选取素材；其次，应当将问题寓于教学之中，开发问题探究课程；最后，应建设以社会主义核心价值观为主题的思政课活动资源。她提到，要根据大学生群体特点和课程内容将社会主义核心价值观主题活动转化为大学生喜闻乐见的形式。[①] 曹群、郑永廷从思维角度研究路径，但是一些观点同周琪的观点有相近之处，例如曹群、郑永廷认为要使理论与生活相融合。除此之外，他们还认为使社会主义核心价值观贯穿于思政课教学要将政治话语与学术话语相融合，社会价值与个人价值相融合。[②]

高校思想政治理论课与大学生社会主义核心价值观教育路径——具体课程视角。①融入马克思主义基本原理概论课程。袁久红认为，要以社会主义核心价值观统领"原理"课程各个部分的教学内容，教学内容要以社会主义核心价值观为终极目标；要将教材中有关价值、价值观、社会主义核心价值观的内容进行梳理，归纳出结合的内容，进行专题教育；要以社会主义核心价值观为引领，结合人的生存现状与价值追求，在科学社会主义部分将马克思主义经典作家关于社会主义核心价值观的基本理论在教学中进行阐发。[③] 在教学内容方面阐述得更加详细的有王为全，他详尽论述了在绪论部分、马克思主义的认识论部分、社会历史观部分、资本主义论部分、社会主义论部分和共产主义论部分怎样以社会主义核心价值观为统领。[④] ②融入思想道德与法治课程。李红星认为，要将社会主义核心价值观融入该课程。首先，以"两个一百年"目标为切入点，结合理想信念教育内容进行教育；其次，运用多学科知识多角度地详尽解读"为人民服务"概念；再次，以案例教学方式教授"法制"内容；最后，以学校的典型事迹和学生身边的实践活动为切入点进行教育。[⑤] 唐凯麟认为，课程教材的修

① 周琪：《社会主义核心价值观融入高校思想政治理论课的三个转向及实现》，《思想教育研究》2015 年第 12 期。

② 曹群、郑永廷：《社会主义核心价值观贯穿高校思想政治理论课教学的要义》，《思想理论教育导刊》2015 年第 2 期。

③ 袁久红：《以社会主义核心价值观统领思想政治理论课教学改革论略——以"马克思主义基本原理概论"课为例》，《思想理论教育》2014 年第 9 期。

④ 王为全：《以社会主义核心价值体系为统领的"原理"课教学内容设计》，《思想教育研究》2013 年第 3 期。

⑤ 李红星：《"基础"课融入社会主义核心价值观教育的思考与实践》，《思想理论教育导刊》2015 年第 11 期。

订，最关键、最重要的任务是反映和体现社会主义核心价值体系。① 他认为，进行社会主义核心价值体系教育是为国家培养社会主义合格建设者和接班人的必然要求。③融入毛泽东思想和中国特色社会主义理论体系概论课程。张玲玲并没有像袁久红与李红星一样在文章中结合课程内容与教学经验进行研究，而是分析了目前"概论"课程教学中存在的问题，她认为社会主义核心价值观融入"概论"课程具有一些制约因素，分别是大学生价值观多元，教师自身政治素养与学术涵养不够，教学中重理论与课堂轻价值塑造和实践。② ⑤融入形势与政策课程。苏洁认为，当前的形势与政策课程内容较少涉及与学生利益和需求相关的内容，学生对远离他们实际生活的国家总体政策以及国际形势不感兴趣。她认为，在教学中要偏向学生感兴趣的方面，深入解读事件背景，采用灵活的教学形式，建立教与学的双向评价体系。③ ⑥融入中国近现代史纲要课程。曹均学认为，中国近现代史纲要可以从近代以来两大历史任务、中国人民反帝反封建的奋斗历程、近代仁人志士的先进事迹为切入点，与社会主义核心价值观内容相结合进行社会主义核心价值观教育。④

　　从部分出发，从具体课程角度进行研究的研究成果大多数结合自身教学经验，依托课程内容，具有实践性和指导性，这种研究方式是其他视域中所不常见到的。但也有学者在研究中笼统地将社会主义核心价值观教育基本存在的教育困境以及适用于所有教育的教育手段冠以思想政治理论课之名加以陈述，忽视了每门课程的特殊性。

　　第五，文化维度下的大学生社会主义核心价值观教育。在文化认同与大学生社会主义核心价值观教育的关系方面，何彦新、古帅认为，文化认同与社会主义核心价值观的认同紧密相连。⑤ 罗迪也分析了文化认同—价值

① 唐凯麟：《加强社会主义核心价值体系教育是"思想道德修养与法律基础"课教育的重要任务——从〈思想道德修养与法律基础（2007 年修订版）〉教材修订谈起》，《思想理论教育导刊》2008 年第 10 期。

② 张玲玲：《社会主义核心价值观融入"毛泽东思想和中国特色社会主义理论体系概论"课教学的思考》，《思想理论教育导刊》2017 年第 11 期。

③ 苏洁：《社会主义核心价值观教育在高校形势与政策课教学中的实施策略》，《教育探索》2010 年第 3 期。

④ 曹均学：《"中国近现代史纲要"课开展社会主义核心价值观教育的路径探析》，《思想理论教育导刊》2016 年第 3 期。

⑤ 何彦新、古帅：《基于文化认同的大学生社会主义核心价值观培育》，《思想理论教育导刊》2017 年第 7 期。

观教育之间的关系，认为"价值观教育从本质上来讲是一种文化认同的教育，文化认同的核心是价值认同"①。在积极作用的理解中，王丽英、曲士英认为，文化认同对大学生社会主义核心价值观教育有着积极作用，分别是教化、导向、渗透和传承作用。② 关于文化认同在大学生社会主义核心价值观教育中的路径。何彦新、古帅认为要加强理论教育、文化创新，加强大学生对先进文化的文化自觉和对优秀传统文化的文化自信，建设主流校园文化，同时也提高学生对文化的鉴别能力；王丽英、曲士英认为要注重班级和寝室等的群体生活方式。何彦新、古帅认为，文化认同在大学生社会主义核心价值观教育中的困境主要包括：大学生对于民族传统文化，缺失认同感；对社会主义先进文化，缺乏信仰；大学生价值观多元带来困惑。罗迪观点与何彦新、古帅相近，不做赘述。

在校园文化与大学生社会主义核心价值观教育的关系方面。目前，关于校园文化与大学生社会主义核心价值观教育的研究表述散见于研究大学生社会主义核心价值观教育的文章之中，在中国知网搜索"校园文化"并含"大学生社会主义核心价值观教育"可见，研究的文献并不多，但除去"大学生"三个字，以社会主义核心价值观教育与校园文化为题目的研究成果颇为丰富。通过对内容进行梳理发现，无论是大学生社会主义核心价值观教育还是社会主义核心价值观教育，但凡以校园文化为研究背景，都包含关于大学生的研究内容。关于社会主义核心价值观教育前述已有所罗列，总体而言，社会主义核心价值观教育所包含的角度比大学生社会主义核心价值观教育要广泛，但所遵循的思路一致，内容多有重复，所以在此方面笔者认为不需再次进行探讨。

在中华优秀传统文化与大学生社会主义核心价值观教育的关系方面。王凌宇等从整体视角出发阐述了中华优秀传统文化涵养大学生社会主义核心价值观的路径，他们认为中华优秀传统文化涵养应该涉及大学生培养的

---

① 罗迪：《文化认同视角下的大学生社会主义核心价值观教育》，《思想教育研究》2014 年第 2 期。

② 王丽英、曲士英：《基于文化认同的大学生社会主义核心价值观培育路径》，《黑龙江高教研究》2015 年第 8 期。

全部人员，应该涵养于社会主义核心价值观教育的全过程和全方位。① 乔惠波从局部视角分析了路径，他认为路径包括：社会环境包括载体、媒介环境等的营造；发挥学校教育包括课堂、教师与校园文化方面的作用；等等。② 焦连志、黄一玲认为要注重中华优秀传统文化价值教育，涵养大学生道德；要使传统文化与时俱进，具有现代价值；要提升大学生对中华优秀传统文化的认知，只有这样才能进一步使大学生认同社会主义核心价值观。要发挥文化的引领作用，尊重大学生的价值主体性；可从中华优秀传统文化中汲取指导社会主义核心价值观教育的元素。③ 杨雄从国家、社会和个人三个方面论证了中华优秀传统文化与大学生社会主义核心价值观之间的关系，认为应从课堂、实践和环境方面融入中华优秀传统文化。④ 徐瑞鸿、戴钢书认为中国传统社会十分重视价值观教育，所以对中国传统社会的价值观培育与践行进行研究，可以获取现实启示。他们从主要路径、局限和现实启示三个角度出发来阐释中国传统文化对社会主义核心价值观培育与践行的启示。⑤

在红色文化（资源）与大学生社会主义核心价值观教育的关系方面。对于红色资源与红色文化的区异，韩同友、周亚军认为："红色资源分为红色理论、红色精神、红色文化三个方面。"红色资源包括红色文化，所以在这里按照整体加以表述。在红色文化（资源）与大学生社会主义核心价值观教育的关系上，胡建、冯开甫认为："红色资源具有天然的育人功能，它是高校思想政治教育的重要资源"，与大学生社会主义核心价值观教育具有高度的契合性，它对大学生具有价值引领、道德教化、榜样激励的作用。⑥

---

① 王凌宇等：《中华优秀传统文化涵养大学生社会主义核心价值观的路径研究》，《思想教育研究》2017 年第 4 期。
② 乔惠波：《优秀传统文化涵养大学生社会主义核心价值观的理论基础与现实路径》，《教育评论》2017 年第 10 期。
③ 焦连志、黄一玲：《以中华优秀传统文化培育大学生社会主义核心价值观认同路径探析》，《山西高等学校社会科学学报》2015 年第 8 期。
④ 杨雄：《大学生践行社会主义核心价值观路径探析——以中华优秀传统文化传承为视角》，《中国劳动关系学院学报》2016 年第 4 期。
⑤ 徐瑞鸿、戴钢书：《中国传统社会核心价值观培育和践行路径探析》，《学术论坛》2014 年第 9 期。
⑥ 胡建、冯开甫：《红色资源：大学生社会主义核心价值观教育的重要载体》，《思想理论教育导刊》2016 年第 1 期。

李艳也认为红色文化（资源）与社会主义核心价值观具有重大关联，她认为红色文化（资源）是母体，是具体的，是实践，而社会主义核心价值观是子体，是抽象的，是价值观。但红色文化（资源）给了社会主义核心价值观根基，社会主义核心价值观离不开实践。她认为利用红色文化（资源）有利于坚定大学生的理想信念、推进大学生爱国的民族精神，激励大学生投身于中华民族伟大复兴的建设中。[1] 关于红色文化（资源）与大学生社会主义核心价值观教育结合的路径。胡建、冯开甫认为，推进红色资源"进教材、进课堂、进头脑"，要融入高校校园文化建设，包括开展主题活动和红色网站建设，将红色资源纳入大学生社会实践。韩同友、周亚军认为在社会主义核心价值观教育中，要发挥政府在红色资源建设中的引领作用，注重高校的主导作用以及强化学生的主体作用。[2] 韩同友、周亚军还提到了困境，认为其表现为大学生和教师对红色资源缺乏认识和理解、教育手段单一机械、对红色资源的开发具有功利性。

关于从文化维度研究大学生社会主义核心价值观教育存在很多角度，比如金广从文化消费视角来进行研究。肖国芳、杨颉专门从话语的角度出发进行研究，陈灿芬从社团文化的角度进行研究，还有学者从多元文化视角进行研究。

3. 关于大数据与社会主义核心价值观的研究

通过对相关文献的梳理，笔者发现多数学者在论述大数据或大数据时代与社会主义核心价值观教育问题时，无论研究背景是大数据时代还是大数据本身，都将研究角度局限于大数据技术给社会主义核心价值观教育带来的相关改变上，所以，在关于大数据与社会主义核心价值观研究部分，笔者对大数据与大数据时代不做拆分。

孙平认为："大数据为社会主义核心价值观的培育提供数据参考，有利于为社会主义核心价值观培育过程提供精确的指导和发展方向。与此同时，大数据的数据价值还有利于提高社会主义核心价值观培育的效率和质量，

---

① 李艳：《红色文化资源与大学生社会主义核心价值观培育》，《广西社会科学》2017 年第 10 期。
② 韩同友、周亚军：《论红色资源对大学生社会主义核心价值观教育的现实价值》，《国家教育行政学院学报》2016 年第 10 期。

促进当前信息社会主流价值体系的构建。"① 邹绍清、郭东方认为，将大数据运用于青年社会主义核心价值观培育中，有助于推动青年社会主义核心价值观培育和研究方法创新；可观察和预测青年个体与群体对社会主义核心价值观的认同及践行以及增强青年社会主义核心价值观培育的核心竞争力。② 刘新庚、唐励认为，大数据助力大学生社会主义核心价值观培育，有助于满足大学生社会主义核心价值观培育的多样性需求、多变性需求、针对性需求和应对大学生社会主义核心价值观培育的反复性特点。③ 刘立新认为："通过大数据可以全面掌握社会主义核心价值观大众化宣传教育现状，跟踪大众思想动态，细分不同群体的兴趣爱好，量化社会主义核心价值观宣传教育效果，复制传播、营销的成功案例。"④

4. 大学生社会主义核心价值观教育从不同视角出发所面临的挑战

日常生活维度下的大学生社会主义核心价值观教育的挑战。从日常生活角度出发，目前大学生社会主义核心价值观教育面临的挑战主要有以下几个方面。石海兵、刘继平认为，高校在大学生社会主义核心价值观教育方面存在部分教育者对大学生生活不了解、只教书不育人的情况。⑤ 毛颖认为，在当前大学生核心价值观教育中存在大学生主体缺失，教育方式机械、单一、教条化的问题。⑥ 苏景荣、叶荔辉认为目前的大学生社会主义核心价值观生活化教育存在教育的理论化与实用性相冲突、理论的目标与大学生的实际生活相脱离、理论的符号化宣传与大学生语言相违背的困境。⑦

（1）新媒体维度下的大学生社会主义核心价值观教育面临的挑战。在新媒体给大学生社会主义核心价值观教育带来的挑战的研究方面，有两种

① 孙平：《大数据时代大学生社会主义核心价值观培育的路径探索》，《学校党建与思想政治教育》，2015 年第 21 期。

② 邹绍清、郭东方：《大数据时代青年社会主义核心价值观培育的现实困境及实践路径探讨》，《马克思主义研究》，2016 年第 9 期。

③ 刘新庚、唐励：《大数据与大学生核心价值观培育的耦合与路径》，《求索》，2017 年第 1 期。

④ 刘立新：《运用大数据优化社会主义核心价值观大众化宣传教育》，《思想理论教育导刊》，2017 年第 12 期。

⑤ 石海兵、刘继平：《论大学生生活与社会主义核心价值观教育》，《思想理论教育》2013 年第 3 期。

⑥ 毛颖、王超：《大学生社会主义核心价值观生活化培育机制研究》，《高教探索》2017 年第 1 期。

⑦ 苏景荣、叶荔辉：《大学生社会主义核心价值观生活化培育问题探讨》，《中共福建省委党校学报》2016 年第 7 期。

路径：一种从新媒体角度出发阐述，另一种从价值观角度阐述。从新媒体角度出发阐述的有唐平秋、卢尚月，其认为，新媒体给大学生社会主义核心价值观教育带来的挑战主要有以下几个。一是新媒体的"去中心化"在一定程度上消解了大学生对社会主义核心价值观的认同。这与在网络环境中，部分学者讨论结果一致。二是新媒体的"碎片化"，即人人都是信息的"传者"与"受者"，增加大学生价值选择的困惑。三是新媒体的隐匿性导致大学生主导价值规范的缺失。① 可见，唐平秋、卢尚月挖掘了新媒体自身特点，但挖掘程度稍有欠缺，对新媒体特点表述不太全面。王功敏认为挑战主要是新媒体因其虚拟性、交互性、即时性、开放性等特征使社会主义核心价值观教育的生态环境发生变革。大学生价值观呈现多样与个性化特点，各种价值观影响着大学生，社会主义核心价值观传播手段不能满足大学生的实际需要。②

（2）大数据背景下的社会主义核心价值观教育面临的挑战。孙平认为，青年自身的原因以及"大数据时代对青年学生综合能力的要求的不断提高，以及大数据时代教育信息数据传播的互动性和多样化，也给教育者对数据的挖掘、分析带来挑战。大数据促进了社会结构的深刻变革，顺应了社会发展潮流，增加了网络宣传和教育环境的复杂性，对社会主义核心价值观培育资源的整合提出了更高的要求"③。邹绍清、郭东方认为："青年活动数据量多面广与数据壁垒的矛盾，造成获取数据难；青年网络言行的碎片化与社会主义核心价值观整体性要求之间的矛盾，造成识别数据难；青年网络活动数据的复杂多样与结构化数据的矛盾，造成整合数据难；掌握数据分析技术和方法的人才匮乏与需求之间的矛盾，造成跨专业人才稀缺。"④刘立新认为目前社会主义核心价值观大众化宣传教育具有实践难题，即针

① 唐平秋、卢尚月：《新媒体环境下大学生社会主义核心价值观培育的思考》，《思想理论教育导刊》2015年第4期。
② 王功敏：《新媒体环境下大学生社会主义核心价值观教育的机制构建》，《思想理论教育导刊》2015年第9期。
③ 孙平：《大数据时代大学生社会主义核心价值观培育的路径探索》，《学校党建与思想政治教育》2015年第21期。
④ 邹绍清、郭东方：《大数据时代青年社会主义核心价值观培育的现实困境及实践路径探讨》，《马克思主义研究》2016年第9期。

对性不强、融入性不强、时效性不强以及互动性不强。① 付安玲、张耀灿认为，大数据时代的到来给马克思主义理论教育带来了严峻挑战，他们认为，大数据的到来挤压了马克思主义理论教育的空间，挑战了权威，颠覆了马克思主义理论教育的传统方法。②

（二）国外研究文献述评

价值观教育作为国家长远发展的重中之重，长久以来一直被学者研究和讨论。相对于我国社会主义核心价值观来讲，国外价值观以目前来看并未发现有具体或者主要的研究热度时间节点。由于国情与社会体制的不同，西方意识形态领域中占主导地位的是民主自由的价值观念。从检索情况来看，与社会主义核心价值观（socialist core values）相一致的国外研究甚少。通过 Yahoo 英文搜索、Elsevier 英文期刊数据库、Springer 外文期刊数据库等检索平台，以 socialist core values 为主题词进行检索，搜索结果多为我国学者所撰写的社会主义核心价值观相关内容。从整体来看，我国围绕价值观教育进行国际比较研究与借鉴还相对滞后，笔者于 2024 年 1 月 20 日 21 点通过中国知网、百度、中国国家图书馆馆藏书目网络查询系统等平台对主题词"国外价值观教育"或"西方价值观教育"或"外国价值观教育"进行检索，时间跨度同国内文献综述保持一致，均以 2006 年为时间起点检索至今。在中国知网中以主题词"国外价值观教育"进行检索，直接相关的期刊文献 49 篇、博士和硕士学位论文 0 篇；以主题词"西方价值观教育"进行检索，直接相关的期刊文献 71 篇、间接相关博士和硕士学位论文 7 篇；以主题词"外国价值观教育"进行检索，直接相关的期刊文献 2 篇、博士和硕士学位论文 6 篇。在百度搜索主题词"国外价值观教育"，出现相关条目约 5120 万条，搜索主题词"西方价值观教育"出现相关条目约 7290 万条，搜索主题词"外国价值观教育"出现相关条目约 4460 万条，其中以"西方价值观教育"内容居多。在中国国家图书馆馆藏书目网络查询系统搜索主题词"国外价值观教育"，显示书目 0 本；搜索主题词"西方价值观教

---

① 刘立新：《运用大数据优化社会主义核心价值观大众化宣传教育》，《思想理论教育导刊》2017 年第 12 期。

② 付安玲、张耀灿：《大数据时代马克思主义理论教育的思维变革》，《学术论坛》2016 年第 10 期。

育"显示书目1本；搜索主题词"外国价值观教育"显示书目0本。检索结果侧面反映出我国目前关于国外价值观教育的研究现状。与之相关的研究成果较丰富。通过检索发现，学者对国外价值观教育领域的研究常以某一单一西方国家为研究对象，其中以美国为研究对象的最多。此外，对中西价值观比较、比较教育学、德育学等都有着颇多的研究成果，为我国开展价值观教育提供了指导和参考。

1. 国外价值观教育的研究维度

（1）各国价值观的比较研究。对各国价值观的比较研究是研究国外价值观的重要渠道之一，近年来学者们在此维度上有着丰富的研究成果。他们分别从语言学角度、文化学角度、全球视角等维度出发进行研究。具有代表性的著作主要有唐凯麟主编"西方价值观丛书"，该丛书分为四册，分别从不同视域对西方价值观进行了全面性研究。此外还有《价值观维度：跨文化的动态体现》，由上海外国语大学跨文化研究中心联合中外学者共同完成，着眼于跨文化视角，探讨了价值观的相关问题。此外，该中心还出版了《价值观研究的框架：文化与跨文化的理论基础》，为研究跨文化视域下的价值观问题提供了重要参考。

（2）教育学领域的相关研究。在教育者领域有关价值观的研究主要通过两种途径进行，一是对相关文献进行翻译，有代表性的著作为《价值与教学》、《学会过美好的生活》。二是对国外价值观进行比较研究，代表性著作有檀传宝主编《当代东西方德育发展要览》、唐克军主编《比较公民教育》等。教育学领域对价值观的相关研究也包含国外德育研究等，对研究国外价值观教育有着重要参考。

（3）有关哲学价值论的相关研究。价值哲学是对价值观问题研究的精髓所在，价值观问题既是哲学问题又是伦理学问题，在研究价值观问题时，必须从哲学价值论汲取养分。就国外价值哲学方面，我国学者也具有丰富的研究成果，代表性的著作为由冯平主编的"现代西方价值哲学经典"丛书，分别从经验主义、心灵主义、语言分析、先验主义四个路向出发，研究了德国、美国、英国等国的共24位哲学家的价值哲学代表作，非常详细地介绍了现代西方价值哲学的相关理论，极具参考价值。此外还有江畅《比照与融通：当代中西价值哲学比较研究》等著作，均能为研究中西方价值哲学提供有力参考。

2. 国外价值观教育的历史沿革

1931 年，以美国心理学家高尔顿·乌伊拉德·奥尔波特（Gordon Willard Allport）为代表的心理学家制定出了奥尔波特-弗农-林德西量表，这是一个价值观研究量表，用于评测个人人格中的价值观。价值观的量化研究在心理学领域展开。[①] 20 世纪 50 年代，美国人类学家和社会理论家克拉克洪（Clyde Kluckhohn）提出了价值取向定义。一般来说，价值取向是指一定主体基于自己的价值观在面对或处理各种矛盾、冲突、关系时所持的基本价值立场、价值态度以及所表现出来的基本价值取向。60 年代，美国著名社会心理学家、第三代心理学的开创者亚伯拉罕·马斯洛（Abraham H. Maslow）提出了需求层次理论，他认为当人的需要走向越来越高的层次的时候，他在认知过程中对价值的认识会越来越明确。六七十年代，西方国家涌现了大量的有关价值教育的理论和学说。包括美国心理学家科尔伯格（L. Kohlberg）的道德认知发展阶段论、弗雷德·纽曼（Fried Newman）的"社会行动"价值观教育模式、英国学者彼得·迈克菲尔（Peter McPhail）的体谅德育模式、克里夫·贝克（Clive Beck）的价值教育理论等。80 年代，品格教育成为主流。品格教育的代表人物之一为价值澄清理论的代表人物基尔申·鲍姆（Kirschen Baum），他认为家长和老师的行为和言语都在潜移默化地影响着学生的价值观。80 年代美国青少年道德状况堪忧，所以在社会各界的呼吁下，美国掀起了一场价值教育运动，又称品格教育运动，帮助学生理解和实施核心价值观。90 年代，倡导核心价值的品格教育成为西方价值观教育的主流。通过粗略梳理我们可以看到，西方价值观教育的研究对象从儿童、中小学生逐步扩大至青少年整体，足以见得其价值观教育的日臻成熟，但西方国家与我国有着本质的区别，所以西方国家有关宗教价值观教育、个人主义价值观教育的内容不能简单地被当作我国价值观教育的参考。

3. 国外价值观教育的主要力量

（1）执政党是价值观建设的主力。各个国家的执政党是制定、推行并且保证本国价值观建设的主力，各国的执政党普遍非常重视本国的价值观建设。执政党推行价值观主要有两种方式，一种是利用政党精英的言论。

---

① 林崇德：《心理学大辞典》（上），上海教育出版社，2003，第 16 页。

如美国总统的就职演讲、新年致辞等都充斥价值观内容。另一种在于，执政党的纲领也包含价值观内容。"各国政党在党的纲领性文献如党章、党纲、宣言中对自身价值观做出明确的原则性规定，依据特定的意识形态和价值观念提出有关社会发展总方向或基本的政策主张，并以此来教化、感召和激励党员和民众向着特定的方向共同努力以改造社会。"①

（2）政府组织确保价值观运营。政府组织作为国家基本运行的器官也在价值观教育方面发挥着重要作用。它们通过制定政策以及法律法规来规范价值观教育的方向。美国就以法律形式对教育进行制约，规范价值观教育，使其不偏离政治方向。"美国法律规定，大学里每个学生都必须修习一门美国历史课。"② "新加坡以相应的法治为基础，保障价值观的构建和传播，运用法治的强制力量促进人们遵守共同的行为规范。"③ 除此之外，新加坡政府在新加坡全领域通过资金保障和一系列手段来保证核心价值观的推行，"新加坡政府专门成立了'国家意识委员会'，每年都开展一次'国民意识周'活动，向国民灌输'我是新加坡人'的国家意识"④。除了制定政策以及法律规范外，国外政府机构还会举行论坛等活动定期为价值观教育建言献策，如英国、澳大利亚等国成立了国家价值观教育研究的论坛和组织，"为学校价值观教育提供学理支持和政策咨询"⑤。

（3）国际机构助力世界价值观建设。国际性学术机构和国家组织也参与价值观教育，如国际道德教育学会、联合国教科文组织以及其他与之相关的国际机构、学术组织等。

（4）民间组织是价值观的重要捍卫者。民间组织是支撑和贯彻价值观的重要捍卫者。它们以非政府形式出现，表面与政府组织没有关联，但实质上承担建设政府缔造的主流价值观的责任。它们通过开展慈善、环保等活动来践行价值观。

---

① 周利方、沈全：《国外核心价值观建设的实践类型及启示》，《理论月刊》2011 年第 11 期。
② 孙建青、赵春娟：《美国大学生核心价值观教育特点分析及启示》，《山东青年政治学院学报》2014 年第 3 期。
③ 刘根成：《新加坡价值观教育对我国社会主义核心价值观教育的启示》，《亚太教育》2016 年第 21 期。
④ 张陟遥、戴玉琴：《核心价值观教育范式问题探析——以新加坡高校的核心价值观教育为例》，《毛泽东邓小平理论研究》2013 年第 9 期。
⑤ 杨威：《国外价值观教育的当代复兴及研究现状》，《教学与研究》2017 年第 9 期。

4. 国外价值观教育途径

国外价值观教育遵循的途径主要有两个，即显性教育和隐性教育。

（1）显性教育，主要以课堂教学为主。显性课程主要包括历史与社会学习课程、文学课程、科学课程、数学与技术课程等。[①] 英国通过课程来进行价值观教育主要有四个方面，公民教育、个体的社会适应和心理健康教育、国立的课程科目教育、宗教教育。[②] 有学者指出美国没有专门的价值观教育课程，价值观教育寓于各类通识课之中，以大学生必修课程的形式进行。例如哈佛大学开设美学与阐释科目、文化与信仰科目、伦理分析科目、生命系统与生命科学科目、宇宙与物质世界科目、世界各地社会与文化科目、美国与世界科目来供学生选择，以此进行价值观教育。[③] 西方大多数国家的成员背景复杂，多为移民，在价值观教育中，"价值观教育主要也是通过宗教教育展开，宗教教给人应具有的美德和价值"[④]。但也有学者指出，美国在品格教育方面组织设计了专门的核心价值观教育课程。这些课程以向学生传授核心价值观为目标。这样的课程是多种多样的。[⑤] 新加坡高校重视利用课堂教学来推进价值观教育，但不同学校开设的价值观教育课程不一样，主要教育模式还是课堂教学灌输法。课堂教学灌输法又分为"直接课堂教学和各科间接教学"[⑥]。有学者认为，英国价值观教育最重要的途径是学校教育，尤其是通过历史课程和公民教育课程强化英国性和英国价值观。[⑦] 除此之外，其他专业课程门类众多，不同的专业课程都会根据自身的特点渗透社会的主流价值观。本科生导师制是英国教育的特色制度。导师

---

① 葛春、李会松：《美国学校价值观教育实施及对我国核心价值观教育的启示》，《全球教育展望》2009 年第 1 期。

② 辛志勇、金盛华：《西方学校价值观教育方法的发展及其启示》，《比较教育研究》2002 年第 4 期。

③ 张剑：《学生的价值观教育探析——以美国哈佛大学通识教育为例》，《毛泽东邓小平理论研究》2012 年第 4 期。

④ 孙建青、赵春娟：《美国大学生核心价值观教育特点分析及启示》，《山东青年政治学院学报》2014 年第 3 期。

⑤ 范树成：《美国核心价值观教育探析》，《外国教育研究》2008 年第 7 期。

⑥ 张陟遥、戴玉琴：《核心价值观教育范式问题探析——以新加坡高校的核心价值观教育为例》，《毛泽东邓小平理论研究》2013 年第 9 期。

⑦ 左敏、李冠杰：《"特洛伊木马"事件与当代英国价值观建设》，《当代世界与社会主义》2016 年第 1 期。

也会对学生的价值观进行教育和引导。①

（2）隐性教育，主要以学校环境、文化熏陶为主。新加坡政府和学校善于将核心价值观大众化，各个学校和社会机构通过开展各种社会文化活动传播核心价值观。新加坡政府建立大量纪念馆、科技馆和博物馆等免费向青少年开放。② 美国注重环境对学生价值观改造的作用，投入大量的资金用于建立博物馆、图书馆、纪念堂等价值观教育基地，以用于学生的价值观教育。在实践方面，美国学校组织学生参加各种社团，开展"各种社会活动，走入社区，开展社区服务活动"③。学生有丰富的课外活动形式，例如典礼和仪式、学校服务、活动小组等。④ 英国的各个大学也有许多学生社团，学生通过社团活动增强对主流价值观的认同。在学校管理方面，各种制度的制定和活动的开展都会吸收学生民主参与，以使政策能够更有效地反映学生的观点和意愿。⑤ 美国通过建设物质文化、塑造传统活动和仪式、传递学校的故事、确立荣誉规则、创立独特的服务活动形式、营造宿舍文化、形成新生价值引导的方式七个方面构建大学的校园文化。⑥ 美国政府和民间也利用文化来进行价值观教育，比如立法确定纪念日等。"很多纪念日与节日都以人物命名。"⑦ 新加坡也是如此，其大力推行传统文化教育，"特别是注重向学生灌输儒家伦理道德价值观"⑧。新加坡高校重视在校园活动、社会运动、道德实践以及社会舆论导向、法制建设中进行价值观教育。⑨

---

① 马健生、孙珂：《在传统与现代之间：英国大学生主流价值观教育探析》，《外国教育研究》2011 年第 10 期。
② 艾政文：《新加坡青少年核心价值观教育及其启示》，《教育评论》2014 年第 10 期。
③ 孙建青、赵春娟：《美国大学生核心价值观教育特点分析及启示》，《山东青年政治学院学报》2014 年第 3 期。
④ 龙一平、沈绍睿：《论美国学校核心价值观教育的途径及对我国的启示》，《教育探索》2009 年第 6 期。
⑤ 马健生、孙珂：《在传统与现代之间：英国大学生主流价值观教育探析》，《外国教育研究》2011 年第 10 期。
⑥ 唐克军、文小莉：《美国高校的价值追求与校园文化建设》，《现代大学教育》2009 年第 1 期。
⑦ 刘洪波：《高校社会主义核心价值观教育探析——基于美国核心价值观教育的经验》，《思想政治教育研究》2016 年第 4 期。
⑧ 高峰：《国外核心价值观教育的经验与启示》，《思想理论教育》2015 年第 12 期。
⑨ 张陟遥、戴玉琴：《核心价值观教育范式问题探析——以新加坡高校的核心价值观教育为例》，《毛泽东邓小平理论研究》2013 年第 9 期。

5. 国外价值观教育内容和载体

国外价值观内容因各个国家的性质以及国情不同而具有差异，但无论哪个国家，都对价值观的内容建构非常重视。随着国家的发展，国家的价值观内容也在发生相应的变化，逐渐体现个性化、生活化特征。"很多价值观的教育都契合了当前时代与世界发展的基本趋势。"① 价值观教育在载体方面，分为方法载体与实质载体。在方法载体方面，多数学者认为国外价值观教育建立在"价值澄清法、价值分析法、伦理质询法、公正团体法、合作性学习法"以及榜样法等"价值灌输、道德推理"② 方法上。在实质载体方面，大众传媒在价值观的传播中起着重要作用。"美国每年进行大量的投入来运用大众媒介推进社会核心价值观的大众化。"③

6. 国外价值观教育对我国价值观教育的启示

有学者认为在巩固思想政治理论课的基础上，各学科应形成合力，要注重受教育者的主体地位，注重环境建设，优化教育手段和强化教育效果。④ 也有学者认为要形成社会共识，要促进人类普遍价值观的形成，要建章立制，要推进核心价值体系建设；⑤ 打造核心价值观大众化平台。⑥ 有学者认为，对国外价值观教育要合理借鉴，既要注意甄别和分析哪些是我们不能够借鉴或者能够借鉴的，也要尝试探索如何借鉴。⑦ 有学者通过对新加坡核心价值观教育的分析认为，我国在价值观教育中应当重视国家在价值观教育中的首要地位，要批判继承儒家教育思想，构建和谐社会，健全法制，依法治国。⑧

梳理发现，在国外价值观教育对我国价值观教育的启示方面，多数学者的结论与社会主义核心价值观教育、大学生社会主义核心价值观教育方面的结论类似，因此不再一一列举。

7. 国外关于大数据的相关政策梳理

2012 年联合国发布《大数据促进发展：挑战与机遇》白皮书，指出大

---

① 杨威：《国外价值观教育研究：目标、内容与方法》，《思想理论教育》2017 年第 10 期。
② 艾政文：《美国学校核心价值观教育的方法、途径及启示》，《教学与管理》2010 年第 16 期。
③ 杨增崇、李敏敏：《美国社会核心价值观建设的主要路径及其启示》，《学术论坛》2014 年第 12 期。
④ 刘长龙：《当代中美核心价值观教育比较之启示》，《学术论坛》2008 年第 9 期。
⑤ 臧乃康：《国外推进主流价值观建设做法及其借鉴》，《理论导刊》2007 年第 9 期。
⑥ 潘玉腾：《欧美国家推进核心价值观大众化的经验及启示》，《思想理论教育》2011 年第 3 期。
⑦ 杨威：《国外价值观教育研究：目标、内容与方法》，《思想理论教育》2017 年第 10 期。
⑧ 高进：《新加坡共同价值观教育对我国德育的启示》，《教育探索》2011 年第 7 期。

数据时代已经到来，大数据的出现将会对社会各个领域产生深刻影响。当前，大数据已经引起国际社会的高度重视，世界各国都在加快推进大数据战略布局，大力发展大数据产业，以抢占新一轮科技革命的制高点。

美国是最早启动开放政府数据计划的国家。自2009年启动开放政府数据计划以来，美国相继推出了一系列促进大数据发展的相关政策，主要体现在四个方面：打造开放政府、支持大数据研究、发布大数据研究报告、关注教育大数据运用。

欧盟是大数据的领跑者。欧盟在促进大数据发展中主要涉及三个方面：大力推进开放数据战略、资助大数据领域的研究创新活动、支持大数据技术和产业发展。

澳大利亚是全球数据开放运动的积极推动者和践行者之一。澳大利亚促进大数据发展的相关政策核心是，推进公共服务大数据建设和分析应用。

日本大力推动大数据运用。2013年7月，日本成立了培育人才的新团体"数据科学家协会"。该协会主要通过开办相关讲座，并实施能力认定考试，来促进大数据专门人才的培养。

综观国外关于价值观教育以及大数据的研究发现，国外关于价值观教育偏重于实践层面，在学校课程设置中从多角度出发，使价值观在课程中全覆盖，而不仅仅局限于某一具体课程上。在外围环境建设上，国外注重隐性教育对大学生价值观的影响，包括在规章制度的建立以及法律法规方面都对价值观教育有明确要求，在这一点上，我国的社会主义核心价值观教育需要借鉴。

（三）研究现状评析

总体看来，国内学者对大学生社会主义核心价值观教育的相关内容研究成果颇丰，具有一定的研究基础。在大数据或者大数据时代与大学生社会主义核心价值观教育研究方面，因大数据被我国学者广泛关注始于2013年前后，所以有关大数据或大数据时代与大学生社会主义核心价值观教育研究成果相较大学生社会主义核心价值观教育而言总体偏少。但从目前研究成果来看，学者们在大学生社会主义核心价值观教育的研究过程中能够将大数据与大学生社会主义核心价值观教育相结合，认清大数据给大学生社会主义核心价值观教育带来的变革、价值和意义，这值得肯定。但研究仍存在不足，主要表现在以下几个方面。一是研究成果多为理论研究，较少有学者在大数据与大学生社会主义核心价值观教育研究中真正使用大数据技术对大学生社会主义核心价值观教育进行实证分析，而理论研究多以描述性为主，缺乏理论深度。二是研究手段较单一，多以文本研究为主，缺乏可以借鉴或者有价值的数据信息，或者数据信息来自问卷调查等形式，不属于大数据的相关研究成果。三是研究视角较窄，研究高度不够。多数学者将研究局限在某一方面，较少有从宏观角度对大数据时代大学生社会主义核心价值观教育进行整体把握和分析，缺乏进行顶层设计或制定标准体系和相关规范类的研究成果。四是对国外成果借鉴较少。

在国外研究方面，因国外没有社会主义核心价值观教育一说，所以多数学者的研究多集中于国外价值观教育、公民教育等方面，取得了丰富的研究成果。因大数据在国外的发展要先于我国，所以国外有关大数据的研究成果相对于我国来讲要更广泛，在政府重视、规则制定等方面更加完善，值得我国学者研究借鉴。但国外与我国在社会制度、观念等方面存在差异，所以在对国外经验进行借鉴时要进行筛选，不能盲目照搬。

第一章　大数据时代我国大学生社会主义核心价值观教育的挑战与机遇

2017 年，习近平总书记在中共中央政治局第二次集体学习时强调指出："大数据发展日新月异，我们应该审时度势、精心谋划、超前布局、力争主动，深入了解大数据发展现状和趋势及其对经济社会发展的影响，分析我国大数据发展取得的成绩和存在的问题，推动实施国家大数据战略，加快完善数字基础设施，推进数据资源整合和开放共享，保障数据安全，加快建设数字中国，更好服务我国经济社会发展和人民生活改善。"[①]大数据助推社会全方位变革，教育也被牵涉进来，由此开启了一场有关教育认知的重大革命。在人类漫长的历史长河中曾经出现了两次关于教育的重大变革。公元前 300 年，以孔子创立私塾和苏格拉底讲学为标志，开创了教育的新纪元。16 世纪，夸美纽斯将工业革命引入教学，创立课堂学习体系。他是对班级授课制等进行系统理论化的第一人，他倡导的教师在固定的场所以一对多的教学模式对学生进行单向灌输的教育模式一直沿用至今。而随着大数据时代的到来，教育正遭遇时代所赋予的第三次重大变革。大学生社会主义核心价值观教育作为教育体系中不容忽视的部分，也参与其中。正因如此，我国大学生社会主义核心价值观教育在这场变革中正经历前所未有的挑战与机遇。本章从大数据与大数据时代的相关概念、内涵及特征出发，引出大数据时代我国大学生社会主义核心价值观教育的挑战与机遇。

[①] 《习近平主持中共中央政治局第二次集体学习并讲话》，中国政府网，https://www.gov.cn/xinwen/2017-12/09/content_5245520.htm。

一　大数据的概念内涵与特征

（一）大数据的发展历程

无论是中国古代的结绳计数，还是公元前 500 年古印度人发明的阿拉伯数字，抑或是当今的大数据，关于数的研究始终伴随着人类社会的发展历程。1790 年，美国开启的世界第一次现代人口普查给予了大数据诞生与发展的一次契机。1890 年，美国统计学家赫尔曼·霍尔瑞斯为了便于统计人口普查数据，发明了一台可以对记录数据的卡片进行识别的电动机器，该机器把八年的工作量用一年时间完成，大大减少了人力，缩减了工作时间。至此，赫尔曼·霍尔瑞斯成为世界数据处理工作的先驱，开启了全球数据处理工作的新纪元。第二次世界大战期间，为了快速破解纳粹的恩尼格玛（Enigma）代码，在英国布莱切利园，艾伦·麦席森·图灵（Alan Mathison Turing）发明了世界上第一台编程电子计算机 Colossus，该机器为未来的计算机和大数据发展奠定了基础。1960 年，诞生了国际互联网。1965 年 4 月 19 日，《电子学》杂志（*Electronics Magazine*）第 114 页发表了戈登·摩尔（Gordon Moore）（时任仙童半导体公司工程师，后为英特尔创始人之一）撰写的文章《让集成电路填满更多的组件》，该文章写道："集成电路的复杂度每年会增加一倍，且成本将持续下降。"从而揭示了摩尔定律，此后戈登·摩尔多次对摩尔定律进行补充和改正，定律集合起来主要有三个版本：①集成电路芯片上所集成的电路的数目，每隔 18 个月就翻一倍；②微处理器的性能每隔 18 个月提高一倍，或价格下降一半；③用一个美元所能买到的计算机性能，每隔 18 个月翻两倍。无论说法怎样变更，这一定律始终揭示着信息技术进步的速度。1988 年，美国施乐 PARC 的首席科学家马克·韦泽（Mark Weiser）提出了普适计算概念，马克·韦泽也因提出普适计算而被誉为"普适计算之父"。一般来说，普适计算"这一概念强调和环境融为一体的计算，而计算机本身则从人们的视线里消失。在普适计算的模式下，人们能够在任何时间、任何地点、以任何方式进行信息的获取与处理"①。1989 年，英国计算机科学家蒂姆·伯纳斯·李

---

① 《普适计算》，百度百科，https：//baike. baidu. com/item/% E6% 99% AE% E9% 80% 82% E8% AE% A1% E7% AE% 97/1715978？ fr＝aladdin。

(Timothy John Berners-Lee) 成功开发出世界上第一个 Web 服务器和第一个 Web 客户机，成为万维网的发明者，他使人类自 20 世纪 40 年代以来终于拥有一个世界性的信息库，在这个信息库中，信息不仅能被全球的人们存取，而且能轻松地链接到其他地方的信息。万维网使用户可以方便快捷地获得重要信息。1997 年，美国计算机科学家迈克莱斯克（Michael Lesk）在他的论文《世界上有多少信息?》(*How Much Information Is There In The World?*) 中认为，网络数据正以每年 10 倍的速度增长。1998 年，拉里·佩奇（Larry Page）和谢尔盖·布林（Sergey Mikhaylovich Brin）创办了全球最大的搜索引擎谷歌公司（Google Inc.）。同年，美国《科学》(*Science*) 刊登文章《大数据处理》，首次提出"大数据"。1999 年，《美国计算机学会通讯》(*Comunications of ACM*) 刊发文章《十亿字节数据集的实时可视化探究》，文章中不仅出现了"大数据"术语，而且认为各界应该关注大数据的分析和运用，信息处理的本质是对内在关系的洞察和把握，而不是局限于表面的数字关系。同年，美国麻省理工学院（MIT）的凯文·艾什顿（Kevin Ash-ton）首次提出物联网的概念。基于互联网的物联网是互联网的拓展，实现了物物相连并开始注重用户体验。

进入 21 世纪，大数据的相关技术开始进入迅猛发展期。2000 年，美国信息科学教授乔治·彼得·莱曼（George Peter Lyman）和经济学家哈尔·范里安（Hal Ronald Varian）在《有多少信息?》(*How Much Information?*) 一文中首次尝试计算全球的数字信息总量，并估计了全球信息的增长率。2001 年，美国高德纳咨询公司（Gartner）定义了大数据的三个特征：体量大、快速以及多样。同年，美国提出基于云计算应用的数据解决方案。2004 年，社交网站脸书（Facebook）诞生，同年年底，Facebook 的用户数超过 100 万，人们通过脸书上传与分享日志以及照片，这标志着 Web2.0 时代到来。至此，每个网络用户都成为信息的发布者。2005 年，Hadoop 诞生，大数据有了存储和分析框架，分析和管理非结构化数据得以实现，这预示着大数据浪潮已朝我们涌来，从而掀起了一场全球认知革命。2007 年，美国《连线》(*Wired*) 杂志介绍了大数据概念。2011 年，麦肯锡全球研究所发布题为《大数据的下一个前沿：创新、竞争和生产力》的研究报告，报告系统论述了大数据的相关内容以及其给我们带来的机遇与挑战，同时也首次提出了大数据时代的到来。截至目前，移动通信、可穿戴设备、人工智能、各种传感器普及发展，每时每刻都会产生海量数据，这为大数据的运用与发展提供了资源支持。

总体而言，大数据技术的建立和发展历经漫长的过程，源于人类对信息技术的现实需求。随着计算机的发展、数据存储与分析技术的进步以及其他相关技术研发的开展，大数据最终将在全领域实施并生根开花。

（二）大数据的含义

大数据奔涌而来，却难以对"大数据"下一个准确的定义。本质上，大数据不仅意味着数据的大容量，还体现了一些区别于"海量数据"和"非常大的数据"的特点。

从大数据技术自身层面讲，麦肯锡全球数据分析研究所将大数据定义为："大小超出了典型数据软件收集、存储、管理和分析能力的数据集。"但他们认为，大数据是一个动态的概念，并不是大于某一个特定数据量就为大数据，它是随着技术的发展而变化的，而且也会因为行业不同、使用的软件或者设备的不同而存在差异。美国信息存储资讯公司易安信（EMC）认为，大数据表征着各种数据（包括非结构化数据）无休止地积聚，它代表呈指数级增长的、因太大或者非结构化等原因而无法用关系数据库进行分析的数据集。互联网数据中心 IDC 认为，大数据是新一代数据技术和框架，它通过高速地采集、发现与分析从超大容量数据集中提取价值。姜奇平认为："狭义的大数据是指数据的结构形式和规模，是从数据的字面意义理解；广义的大数据不仅包括数据的结构形式和数据的规模，还包括处理数据的技术。""大数据在根本上是数据分析的前沿科学，创立了全新的量化研究的系统知识和方法，包括大数据技术、大数据工程、大数据理论和大数据应用。"[①]

从大数据技术类型层面讲，大数据不是单一化的技术，它包含数据的挖掘、收集、存储等相关技术分支，并由相关技术分支来完成整体大数据技术分析工作，所以，依照大数据技术分支，可将大数据技术分为以下几种类型。

（1）数据采集：目前，各类传感器、移动终端、物联网、互联网的迅

---

① 姜奇平：《大数据时代到来》，《互联网周刊》2012 年第 1 期。

猛发展和普及，使数据具有广泛的来源。有学者认为，大数据主要来源于三个方面，即自然界、生物和生命以及社交。其中，依托于逐渐成熟的社交媒体和移动终端，社交每时每刻产生的大量数据，成为数据的主要来源。面对复杂且海量的数据，数据的采集是大数据分析的首要一步，具体而言，数据因其所牵涉的领域不同，所使用的数据采集手段也会不同。

（2）数据存储和处理："数据存储包括 Hadoop Common, HDFS, MapReduce, Zookeeper, Avro, Chukwa, HBase, Hive, Pig 等子项目。"① 这些项目功能各异，为数据的处理提供了多样平台。

（3）数据分析：数据分析是大数据技术的核心，其直接产生价值。通过数据分析揭示事物之间的潜在联系，人们能够进行精准预测，并提出科学化方案。数据分析包含诸多分析方法，主要有数据挖掘、统计分析、自然语言处理、机器学习等。数据挖掘是在大数据环境下，基于相关技术以及云计算，将有巨大价值的信息和知识数据从海量的、类型多样以及动态并且快速流转的数据中挖掘出来，以云服务方式向用户提供服务。统计分析基于统计学原理，对变量之间的关系进行分析。自然语言处理是用计算机对人类语言进行分析，包括语法、词法分析、语音识别、文本生成等。机器学习可分为监督学习和无监督学习，监督学习要求使用者知道要预测什么，而无监督学习没有指定的数据分类和目标。

（4）数据可视化：数据可视化是将数据以贴近人感知的图像化形式呈现，加深人的认识。它涵盖心理学、统计学等多个学科。

（三）大数据的基本特征

2001 年，美国高德纳咨询公司（Gartner）定义了大数据的特征，分别为量大（Volume）、快速（Velocity）以及多样（Variety），简称3V。此后，IDC 在此基础上又提出了 4V 的概念，在 3V 基础上加上了价值（Value），与此同时，IBM 认为除价值大之外，大数据还具有真实性（Veracity）特点。随着人们对大数据的认识不断深入，有关大数据特征的讨论持续不断，大数据特征从最初的 3V 发展到 8V，分别是海量化、快速、多样、真实、关联、易变、有效以及价值大（Volume, Velocity, Variety, Veracity, Viscosity,

---

① 张锋军：《大数据技术研究综述》，《通信技术》2014 年第 11 期。

Variability, Validity, Value）。它们分别具有以下内涵。

1. 海量（Volume）化特征

海量化特征是指大数据所蕴含的数据体量巨大，大数据的起始计量单位至少是 P（1000 个 T）、E（100 万个 T）或 Z（10 亿个 T）。P 代表拍字节，1 拍字节代表地球观测系统五年的数据量（数据率为 46 兆比特每秒），E 代表艾字节，Z 代表泽字节，也称为 ZB，泽字节是"十万亿亿字节"①。"根据国际数据公司（IDC）的统计，中国数据量规模将从 2022 年的 23.88ZB 增长至 2027 年的 76.6ZB，年均增长速度 CAGR 达到 26.3%，其中政府、媒体、专业服务、零售、医疗、金融为主要分布领域。"② 海量数据是大数据的最基本属性，也是大数据的标志性属性之一。

2. 快速（Velocity）性特征

简言之，快速性特征就是指从海量的、各种类型的数据中快速获得有价值信息的能力，也可指大数据数据流的快速处理速度。在大数据处理速度方面，"一秒定律"充分说明了对大数据处理速度的要求，它要求大数据处理要在秒级时间范围内给出结果，超出此时间数据将会失去价值。快速性特征不仅指处理速度迅速，还指数据的产生速度迅速。网络点击、日志、视频、监控、移动终端等技术的不断完善使全球每时每刻地产生着海量数据，为大数据的存在提供了海量资源。

3. 多样（Variety）化特征

随着智能设备、社交平台、传感器等技术的发展，数据的来源以及数据本身逐渐趋于复杂。它不再仅仅包含传统数据中的关系数据与结构化数据，还包含来自网页、搜索引擎、社交平台、电子邮件、文档等原始的、半结构化与非结构化数据。大数据使处理多样化数据成为可能，这也同样是大数据技术的价值所在。

4. 真实（Veracity）性特征

数据的真实与质量是获得正确决策的基础。真实性包括了数据的可信度、有效性、真伪等信息。大数据来源于日常生活的方方面面，其预测功

---

① 《泽（国际单位制词头）》，百度百科，https://baike.baidu.com/item/ZB/400300。

② 《IDC：到 2027 年中国数据量规模增长至 76.6ZB》，科创板日报网站，https://www.chinastarmarket.cn/detail/1404400。

能要建立在数据来源的真实可靠性基础之上，如果数据来源不准确或者是伪数据，那么大数据技术就失去了价值。然而并非所有数据源都是真实准确的，这就需要通过技术对数据源进行"降噪""过滤""去冗"处理，以保证数据的真实可靠性，从而得出真实结论。

5. 关联（Viscosity）性特征

维克托·迈尔·舍恩伯格在其著作《大数据时代》中表示，大数据对相关关系的追求颠覆了以往人们对事物因果关系的思维定式。关联性特征是指大数据能够依托本身的海量数据特征以及机器超强且快速的运算存储能力在数据流中发现彼此的相关关系，这是传统数据技术所无法做到的。关联性特征可以使人们看到曾经无法察觉的方面，揭示不易察觉的信息，从而为社会进步提供巨大的技术支持、带来巨大的价值。

6. 易变（Variability）性特征

易变性是指数据流的变化率高。数据来源的丰富广泛性以及复杂性特征，导致数据本身存在巨大变数，又因为数据产生以及数据流处理的速度较快，也使得数据具有高变化率。这就需要对不断变化的数据进行实时分析和监控，以便得出正确的结论。

7. 有效（Validity）性特征

有效性特征具有两个方面，一是数据来源的有效性，二是数据存储的有效性。数据来源的有效性特征与数据的真实性特征有类似之处，即大数据分析的数据都为有效数据，这样可以保证高效率以及结果的准确。数据存储的有效性是指将大数据进行有效存储和记录，为循环使用和追本溯源提供素材和依据。

8. 价值（Value）大

大数据蕴含巨大的价值，其影响力已渗入社会生活的方方面面，无论教育、医疗、交通还是产业发展，大数据无不带给该领域巨大价值。麦肯锡研究报告显示，"如果把大数据用于美国的医疗保健，一年产生的潜在价值为3000亿美元，利用大数据分析，零售商可增加运营利润60%，制造业设备装配成本会减少50%"①。

---

① 转引自邬贺铨《大数据时代的机遇与挑战》，《求是》2013年第4期。

二　大数据时代的理论研究

马克思主义经典作家关于时代内涵与特征的讨论经久不息。"马克思和恩格斯所说的时代主要是指在人类社会由低级阶段向高级阶段的演进过程中，某一个历史时期的社会性质，以及该历史时期所呈现的基本特征和发展趋势。"① 列宁指出，"时代之所以称为时代，就是因为它包括所有的各种各样的现象和战争，这些现象和战争既有典型的也有不典型的，既有大的也有小的，既有先进国家所特有的也有落后国家所特有的"，是世界"各式各样现象的总和"②。

大数据时代是指"以大数据为核心的技术、管理、应用和研究等为标志的人类社会发展的新的历史时期"③。2011 年，麦肯锡全球研究所在《大数据的下一个前沿：创新、竞争和生产力》研究报告中首次提出了大数据时代的到来，大数据已然包含时代所具有的各种特征，它是"下一个创新、竞争、生产力提高的前沿"④，将带领人类进入一个以大数据为核心的新的历史时期。大数据的包罗万象使它不仅仅表征时代发展的基本特征，而且还涵盖社会中的各种现象，所以，大数据在开启崭新时代的大门的同时也掀起了一场有关认知的革命。

（一）大数据时代的产生背景

1. 信息技术的发展为大数据时代提供了物质基础

自 1946 年第一台电子计算机诞生以来，人类在信息技术的发展变革中奉献了无数的智慧，1965 年摩尔定律的提出预示着未来关于信息技术的迅猛发展。至今的结果表明，摩尔定律所预示的未来正如期而至，我们的生活也在信息技术的发展中迎来一个又一个崭新的姿态。信息技术是指利用电子计算机和现代通信手段获取、传递、存储、处理、显示信息和分配信息的技术。也有人认为，信息技术就是能够提高和扩展人类信息能力的方

---

① 毛华兵、刘苏燕：《列宁帝国主义理论中的时代观及其当代启示》，《当代世界与社会主义》2017 年第 3 期。
② 《列宁全集》第 28 卷，人民出版社，1990，第 127 页。
③ 王婧：《大数据时代大学生道德教育研究》，西南大学博士学位论文，2015。
④ 邬贺铨：《大数据时代的机遇与挑战》，《求是》2013 年第 4 期。

法和手段的总称。它的发展为大数据时代提供了物质基础。

一般而言，人类信息活动的每次演进都会引起信息技术的变革，信息技术的每次发展都会促进人类信息能力的提升。然而信息技术的发展也并非一蹴而就，它大致经历了三个历史时期。

（1）以人工为主要特征的古代信息技术时期。从远古到 19 世纪 20 年代，古代信息技术在人工条件下缓慢发展。

（2）以电信为主要特征的近代信息技术。19 世纪 30 年代~20 世纪 30 年代，信息技术获得了历史性超越，在物理学上取得了一系列重大的成就，特别是在电子学和电子技术的推动下，"电"作为一个新的主角步入信息技术领域。近代信息技术是在电信革命的基础上实现的，与工业社会和生产力发展水平相适应。其间，人们的信息再现以及信息传播具备了较好的条件和实现途径，这也为现代信息技术的出现奠定了基础。

（3）以网络为主要特征的现代信息技术。20 世纪 40 年代以来，信息技术空前发展，以微电子技术为基础、以电子计算机技术和通信技术为主要标志的现代信息技术飞速发展。计算机技术与通信技术相结合，借助通信线路实现网络化，使信息技术进入信息传输、处理、存储综合化的新天地。

如今，云计算、物联网、移动终端、传感器等技术的发展使信息技术又前进了一大步，例如，云计算为使用者提供计算资源共享服务，使用者只需投入很少的管理工作或者与供应商进行很少的交互便可得到相关数据。另外，云计算也可存储海量数据，这为大数据时代准备了丰富的数据资源。

2. 网络用户的增长为大数据时代提供了客观条件

2023 年 8 月，中国互联网络信息中心（CNNIC）发布第 52 次《中国互联网络发展状况统计报告》，报告显示，截至 2023 年 6 月，我国网民规模达 10.79 亿人，全年共计新增网民 1109 万人。互联网普及率为 76.4%，其中，我国手机网民规模达 10.76 亿人。2023 年上半年，我国个人互联网应用持续发展，多类应用用户规模获得增长。其中，网约车、在线旅行预订、网络文学、网络音乐的用户规模较 2022 年 12 月分别增长 3492 万人、3091 万人、3592 万人、4163 万人，增长率分别为 8.0%、7.3%、7.3%、6.1%。截至 2023 年 6 月，10~19 岁、20~29 岁、30~39 岁、40~49 岁网民占比分别为 13.9%、14.5%、20.3% 和 17.7%，学生网民中至少掌握一种初级数字技能的比例达 98.5%，至少掌握一种中级数字技能的比例达 81.0%。[①] 由此可见，我国网民数量的增长趋势不减，庞大的网民借助不断扩张的网络应用，诸如微信、微博、淘宝、抖音等移动 App 掌握资讯、了解世界以及表达内心。

3. 智能化社会为大数据时代提供了价值动力

从太空星链对地球的精准监控到地面上数字集权工具的无所不在，均源于人工智能的深度学习能力已开始走向对人类能力和潜力的整体性超越，从 AlphaGo 轻易地打败国际围棋冠军到 ChatGPT 的强大生成性功能呈现，都从不同方面反映出我们已深度进入智能时代。习近平总书记指出："要推动互联网、大数据和人工智能同产业深度融合。"[②] 以此看来，互联网、大数据与人工智能是未来科技发展的重中之重。大数据依托于互联网，而人工智能以大数据为驱动，它们之间具有紧密的相互联系，大数据与机器智能相伴而生，促进物联网从感知到认知到智能决策的升华，催生了智能化时代。如今，无论是生活方面还是社会管理方面都开始向智能化方向发展。"智能化是指事物在网络、大数据、物联网和人工智能等技术的支持下，所具有的能动地满足人的各种需求的属性。比如无人驾驶汽车，就是一种智能化的事物，它将传感器物联网、移动互联网、大数据分析等技术融为一体，从而能动地满足人的出行需求。它之所以是能动的，是因为它不像传统的汽车，需要被动地人为操作驾驶。"[③] 除了无人驾驶外，智慧城市、智慧校园、可穿戴设备，家庭智能、住宅智能、医疗智能等智能技术的发展，使人们在追求智能化社会的同时，衍生出对大数据技术应用及深度掌握的渴求和意愿，这也驱动着大数据时代的发展。

（二）大数据时代的特征

大数据时代，数据的交互与使用的规模、层次、迅猛程度远远超出以往。其产生的作用与价值如洪流，正快速、大规模地改变着人类经济、政

---

① 《第 52 次〈中国互联网络发展状况统计报告〉发布：我国网民规模达 10.79 亿人》，人民网，http://finance.people.com.cn/n1/2023/0828/c1004-40065362.html。

② 《习近平谈治国理政》第 4 卷，外文出版社，2022，第 207 页。

③ 《智能化》，百度百科，https://baike.baidu.com/item/%E6%99%BA%E8%83%BD%E5%8C%96/6084673?fr=aladdin。

治、文化、教育等领域，其最终将会给一切领域带来根本、彻底的变革。也正因如此，大数据时代具有本身独有的与传统时代相异的时代特征。

1. 大数据时代的特征

（1）可量化特征。起源于统计学的大数据必然要与客观现象总体数量特征和数量关系相关，这些相关使所有数据都变成了参与计算的变量，一切数据信息都可成为数量单元。文字、图片、方位、音频视频以至于从心理到行为等一切与人的生活以及社会相关的元素都在大数据时代变为可量化的数据。这些数据在大数据时代接受分析，人们可以从分析中得出在以往时代所无法得到的信息，发现其价值。大数据时代人类全领域的数据化集成了庞大的数据资源，推动了各领域的可量化进程。

（2）预测性特征。大数据技术的核心即为预测，所以大数据时代也具有预测性特征。依托于多角度、多类型、多来源的海量数据以及数据采集、数据存储处理、数据分析和可视化流程，人们可发现数据之间的相关联系、规律，从而基于此做出精准预测。大数据时代的预测性特征在给人们提供便捷的同时也彰显着大数据的巨大价值。它迅速地改变着无论是商业、医疗还是教育的传统模式，使各个领域对未来的研判都具有了科学的依据。

（3）个性化特征。大数据时代，基于对海量数据的挖掘和分析，可对研究对象进行精准预测。在预测的基础上，因用户留存数据来自日常生活的方方面面，未经过任何主观意识干预，所以数据可充分反映用户的行为习惯和思维方式，大数据技术可依据用户的行为习惯与思维方式，并结合个人的能力与效率，制定符合个人的行动方案，推荐最适配的资源。以学习为例，在个性化学习领域，借助大数据与人工智能技术，构建学科知识图谱，针对每一位学生生成个性化学情图谱，进而精准推荐个性化学习资源，能够帮助学生高效学习。

（4）共享性特征。2015年，国务院印发《促进大数据发展行动纲要》，指出要加快政府数据开放共享。① 大数据的共享类型包括政府间数据共享、政府与企业间的数据共享、企业间的数据共享等。大数据时代的共享性特征也是大数据之所谓大数据的重要保证，若政府或企业没有将其所得到的

---

① 《国务院印发〈促进大数据发展行动纲要〉》，中国政府网，http：//www.mohrss.gov.cn/SYrlzyhshbzb/dongtaixinwen/shizhengyaowen/201509/t20150907_219864.html。

数据进行共享，那么除了会引发资源浪费外，也并不符合大数据"样本＝全体"的条件，也就不能够称为大数据。也正是基于开放共享，大数据才可更好地为人们提供服务。

（5）及时性特征。大数据时代相对于小数据时代最显著的特征即及时性。大数据时代的及时性特征可以给用户带来有"体温"、有场景、实时的数据，这一特征是以往时代所无法实现的。也正因为及时性特征，使大数据时代的全行业都迎来了重大发展的机遇期。金融行业因及时性可更好地对经济形势做出最快速的研判和反应；教育行业可及时地掌握教育的动向与学生的思想动向并趁早进行干预；政府部门可及时地掌握国家发展走向，掌握舆情并及时地给予回应。所以，大数据时代的及时性特征给全行业、各领域带来大价值。

2. 大数据时代大学生社会主义核心价值观教育的特征

（1）主客体关系平等化。大数据时代的大学生社会主义核心价值观教育主客体关系呈现两种样态，一是存在于传统教育环境中的主客体关系，二是存在于网络虚拟教育环境中的主客体关系。对于传统教育环境（也即现实生活）中的主客体关系而言，在大数据时代，通过大数据对个人数据的采集和分析，可以精准呈现教育者和受教育者的基本特征、个人偏好、知识构成等方面的信息，从而可以使教育者看到受教育者在思想和行为方面的不足，加以重点教育，也可以使教育者以及受教育者看到自身的优缺点，促进自我发展。所以在大数据时代，传统教育环境中的主客体关系已经不再局限于主客体地位之间的争论，而是将研究视域转向了主体和客体的自身发展，这样也就使主客体关系更加平等。对于网络虚拟教育环境中的主客体关系，因网络成为主客体之间的载体，这就将传统教育环境中僵硬的单向的主客体关系转变为双向互动的形式，双向互动的出现也使主客体之间趋于平等并加速了主客体之间的角色转换。"在网络思想政治教育主客体交往互动的关系中，主客体之间首先呈现一种平等交流、双向互动、交互作用的关系。""网络思想政治教育主客体关系又是一种多向互动的关系。"① 那么大数据时代的基础即为互联网，互联网的出现衍生出了大数据，所以大数据时代的社会主义核心价值观教育主客体关系将区别于以往时代

---

① 骆郁廷：《论网络思想政治教育的主体与客体》，《马克思主义与现实》2016 年第 2 期。

僵化的、不平等的主客体关系而呈现平等性。

（2）教育内容多样化。与传统的教育相比，大数据时代的教育内容呈现多样化特点。在传统教育中，教育内容局限于课本知识，超出课本的部分不在教师教授内容之列。但在大数据时代，大数据的基本特征之一便是海量数据，基于海量数据的可量化性，教育内容也呈现多样化特点。首先，大数据时代"一切都被记录，一切都被分析"①，导致大数据包含无论是教育者还是教育者所需的所有信息。受教育者对社会主义核心价值观的理解以及践行社会主义核心价值观的行为的所有误区都可以被大数据捕捉并量化，从而这为教育者提供了精确的教育对象，教育者面对的不再仅仅是课本中的固有知识，而是拓展至受教育者所呈现的所有相关缺陷。同时，对教育者而言，拓展教育内容、增强知识储备和提升教育技能是大数据时代对教育者提出的必然要求，在社会主义核心价值观方面，受教育者被大数据分析之后所呈现的各种问题，都将是教育者需要着手解决的，它不仅需要教育者熟练掌握并理解社会主义核心价值观的基本内涵，也需要教育者掌握其他学科，诸如心理学、教育学的基本内容助力其解决受教育者的各种问题，这样就使教育内容多样化。此外，大数据时代的信息技术例如多媒体等的使用使教育内容从平面走向立体，从静态变为动态，超越现实时空，变得更加饱满和丰富。

（3）教育方式个性化。尽管学者们在个性化教育方面进行过无数的尝试与实验，但传统教育是一种批量化教育模式——面向所有人的课堂教学、一致的教材、固定的授课时间，这一切都如工业化流水线般进行。但高校毕竟不是工厂，正如商业领域一样，无视消费者的喜好和需求而生产的产品最终会被市场淘汰，忽视学生的个人偏好、特征与需求的教育模式一直以来广受诟病。在传统教育中，即便对传统教育模式有漫长而激烈的争议，依旧无法找到解决传统教育模式困境的有效出口。大数据时代，对海量数据的收集与分析使针对学习个体的个性化教育成为可能。个性化也成了大数据时代社会主义核心价值观教育的特征之一而与其他时期的教育相区别。教育个性化可以通过利用大数据对学习者在网络环境下的学习习惯和学习

①　周涛：《大数据与人工智能的伦理挑战（上）》，《电子科技大学学报》（社科版）2018 年第 5 期。

行为进行监测、分析，得出学习者对该学习内容的掌握程度。例如，通过对学习者在观看网络教学视频时的停顿，教育者可以预测该学习者可能对某一知识点存在困惑，进而对该学习者重点讲解该知识点，实现个性化教学，达到较好的教育效果。

（4）教育环境复杂化。相对于教育环境仅局限于学校环境内的传统教育来讲，大数据时代的教育环境具有复杂性特征。复杂性在大数据时代的社会主义核心价值观教育中主要体现在两个方面：一是影响因素的复杂，在大数据时代，基于网络的成熟，大学生无论是在现实环境中还是在网络环境下都无不受到来自多方面的影响。在现实环境中，信息的快速传播和信息来源的不确定，加剧了环境的复杂程度；在网络环境中，除各种信息源相互交织外，缺乏监管也使教育环境呈现复杂局面。不良信息和未经过监管过滤的信息同正确信息一道混杂在网络中，影响社会主义核心价值观教育的正确性以及大学生对社会主义核心价值观的接受度。二是环境本身的复杂，大数据时代，海量数据中包含多种元素，快速的信息交互传播速度使教育环境逐渐具有共享度强、高互动性、易变性等新的特征。这些新特征的出现不仅给社会主义核心价值观教育带来便利，也同时增加了教育环境的复杂程度。大数据时代将传统局限于学校环境、主要参与人在教育者与受教育者之间转换的社会主义核心价值观教育环境拓展至社会领域，主要参与人从教育者与受教育者之间拓展到全社会。范围与参与人的拓展必然将使环境复杂化。

（5）教育资源信息化。2018 年 4 月，教育部印发《教育信息化 2.0 行动计划》，该计划指出："教育信息化必将成为促进教育公平、提高教育质量的有效手段，必将成为构建泛在学习环境、实现全民终身学习的有力支撑，必将带来教育科学决策和综合治理能力的大幅提高。"[1] 大数据时代，智慧校园、数字教育等建设都使大数据时代大学生社会主义核心价值观教育资源呈现信息化特点。

三 大数据时代我国大学生社会主义核心价值观教育面临的挑战

大数据作为当代科技进步的最前沿成果，无疑是推动社会进步以及提

---

[1] 《教育部关于印发〈教育信息化 2.0 行动计划〉的通知》，教育部网站，http://www.moe.gov.cn/srcsite/A16/s3342/201804/t20180425_334188.html。

高生产力发展的重要力量。无论任何领域都将在大数据的助推下丰富实践。然而出现的新技术手段都将成为原有社会平衡的破坏者，必然会给社会带来挑战。因此，在大数据时代大学生社会主义核心价值观教育中，我们要清醒认识到技术给我们带来的挑战，才能够趋利避害地推进大学生社会主义核心价值观教育。

（一）大数据技术自身存在的挑战

1. 大数据技术应用面临的挑战

"大数据技术的运用仍存在一些困难与挑战，体现在大数据挖掘的四个环节中。"① "数据挖掘是指从数据库的大量数据中，通过算法搜索揭示出隐含的、先前未知的并有潜在价值的信息的过程。"② 数据挖掘的四个环节分别是数据收集、数据存储、数据处理和结果可视化。

（1）数据收集面临的挑战。大数据的标志即海量数据，海量数据的样态包括结构化数据、半结构化数据以及非结构化数据。结构化数据是传统意义上的数据库，例如教育一卡通、财务系统等，与非结构化数据相比，结构化数据具有整齐和标准的特性，而且数据范围较小。非结构化数据是数据结构不规则或不完整，没有预定义的数据模型，不方便用数据库二维逻辑表来表现的数据，包括所有格式的办公文档、文本、图片、XML、HTML、各类报表、图像和音视频信息等。半结构化数据处于结构化与非结构化之间，它包含多个数据库。对于信息处理来讲，结构化数据的处理难度最小，其次为半结构化数据，而非结构化数据的数据混杂使它的处理难度最大。目前，在大数据的数据构成中，非结构化数据与半结构化数据所占比重最多，而且还呈现不断增长的趋势。

面对异常复杂的数据结构，众多异质数据、非真实数据出现在大数据所包含的数据中，这必然会影响分析结果的准确性，所以要在数据收集环节将无效、错误、重复的数据剔除，保证数据结果的科学性。然而，目前对于复杂数据的采集在技术上还存在困难。对于这些结构并不统一、来源并不单一的数据，在采集过程中必须去伪存真，并且还需将其与历史数据

---

① 邬贺铨：《大数据时代的机遇与挑战》，《求是》2013 年第 4 期。
② 李俊：《大数据下高等教育管理的挑战及对策研究》，《中国成人教育》2016 年第 9 期。

进行反复对照，才能确保数据结果的真实准确性。

（2）数据存储面临的挑战。大数据时代，无论云端还是本地磁盘，有关人类生活的一切都将以数字化形式记录并存储下来。这不仅对存储技术提出了更高的要求，还对存储的可靠性给予了挑战。被称为"互联网之父"的谷歌副总裁温特·瑟夫曾经指出，人类将所有数据保存于软件、硬件以及互联网之中，如果这些都被淘汰，人类将进入"数字黑暗时代"。他认为，随着技术的进步，我们的数据存储不仅不会更加安全，反而会面临数据丢失的风险。我们所依赖的数据存储设备一旦出现故障或者沾染病毒，数据就存在丢失的可能。

同时，数据存储还存在技术障碍。大数据对于海量数据的存储需求对存储设备的性能提出了更高要求。普通数据存储设备肯定无法完成无时无刻产生的海量数据的存储工作，但高性能的数据存储设备必然具有高耗能、高成本的特性，使使用大数据的成本变高，不利于大数据技术的普及。所以这些都给数据存储带来了挑战。

（3）数据处理面临的挑战。大数据包含全体数据，数据本身存在多重结构，分别是结构化数据、非结构化数据以及半结构化数据，这些不同结构的数据混杂在大数据中且数据的来源呈现多样、异构、多实体与空间之间的相互交互。对于这些数据，难以用传统的数据处理方式进行处理，它要求具有更高的技术水平，更快速的技术手段以及更加完善的处理方式方法。以目前的数据处理水平来讲，在从大数据中导出可利用的信息、结合海量数据之间的相关关系分析语义，将大数据变为人们便于理解的信息等方面还具有难度。

（4）结果可视化面临的挑战。大数据时代一切技术都基于数据，可视化也不例外。但大数据的数据来源异常复杂，多来自不同的数据环境之中，即便得到数据，数据的完整性、一致性、真实性也无法得到保证。这影响数据结果和分析结果的科学性。此现状给结果可视化带来挑战。另外，信息领域对于可视化的研究并非在大数据时代来临之时才开始进行，而是早在大数据时代之前就已经为可视化技术的发展积累了大量的资源。然而当时科研人员对于可视化技术的研究进入了误区，即只注重技术本身，而忽视了可视化技术要以符合人类认知和心理规律为前提。这使可视化技术的发展走了长时间的弯路。除此之外，对于技术是否符合大众要求、是否直观有效，目前来讲，并没有可参考的评价标准。这些都给大数据结果的可视化带来了挑战。

2. 大数据时代个人隐私保护面临的挑战

隐私是"指一种个人隐匿、隐遁，免于公开和外来干扰的状态"①。而关于隐私权的定义众说纷纭，参考《布莱克法律词典》，隐私权是指个人独处的权利，未经授权免于公开的权利以及在与公众无关的事务上不受公众无端干涉的权利。"大数据时代的信息收集和数据监控，混淆并淡化了传承自古希腊的私人领域和公共领域之两分，如果没有隐私权的限制，私生活自主这一基本人权将成为空谈。"② 在大数据技术对个人信息进行挖掘的过程中我们需要分清，数据与信息这两者之间的区别。"在数据和信息之间实际上有着一个至关重要的区分：信息是'私人'的，但数据却是无指向性的。"③

如今，我们生活正逐渐地被互联网改变，无论是购物还是理财、交流、浏览资讯，网络无疑是我们最便利和最常使用的平台，也正因我们对网络的频繁使用，使网络留存了大量我们日常生活的数据轨迹，我们的各种行为活动无时无刻不在网络监控下进行。这些数据轨迹在大数据时代被挖掘和分析，在被标榜以巨大价值的同时，也使我们隐私的泄露变得容易。近年来，由于信息技术的普及以及信息技术所带来的泄密事件的频发，人们关于大数据以及人工智能所带来的安全问题的担忧也越来越强烈。例如，OpenAI 首席执行官奥特曼在与麻省理工学院科学家弗里德曼（Lex Fridman）的最新对话中指出，"AI 已经展示出了一些非常有趣的、无法解释的推理能力"，并且"如果我们一直在快速前进，直到我们失去了对系统的控制，那么我们就有了一个可能性，即 AI 可能会杀死人类"④。例如，部分不良商家利用大数据进行"宰熟"以欺诈消费者，平台利用浏览记录满屏推送相关信息导致用户无法正常阅读等。由此可见，在信息化快速发展的大数据时

---

① 马特：《隐私权研究——以体系构建为中心》，中国人民大学出版社，2014，第 71 页。
② 李延舜：《大数据时代信息隐私的保护问题研究》，《河南社会科学》2017 年第 4 期。
③ 张轶瑶、田海平：《大数据时代信息隐私面临的伦理挑战》，《自然辩证法研究》2017 年第 6 期。
④ 转引自唐代兴《从 AlphaGo 到 ChatGPT：人工智能的伦理边界何在?》，《哲学分析》2023 年第 6 期。

代，人类的主动性正遭受前所未有的挑战，人们在技术面前无处遁形，技术逐渐异化为主体，操纵着现实世界。

网络空间中的人、机、物相互交互，使个人隐私处于不同的空间，大数据本身体量巨大、种类繁多、生成速度快，也使个人隐私处于动态变化状态中。个人隐私保护存在重重困难，主要体现在以下五个方面。

（1）个人隐私保护的边界难以确定。有关隐私概念本身就没有一个标准的定义，它的定义跟随时代的变化而变化并因学科属性的不同而具有差异，处于动态发展中。针对个人隐私而言，个人的不同特性导致不同的人之间的隐私并不存在一致性。所以，个人隐私保护的边界难以确定，这也就使大数据分析在该规避哪些数据、该保护哪些数据方面存在困难。

（2）个人隐私信息管理困难。随着互联网的运用普及，电子产品与人们之间的联系越来越密切。在广泛的电子信息设备背后，潜藏着大量个人信息数据。电子产品、移动网络的高普及率和数据的海量化，导致对个人信息的管理存在困难。当前，信息的传播包括收集、存储、使用和发布四个环节，相对于个人隐私信息而言，四个环节中任何一个环节的纰漏都有可能导致个人隐私数据的泄露。例如，在如何确保在所收集到的数据中将个人隐私数据抽离于所收到的集数据以实施保护方面存在困难；在如何确保在数据存储状态下数据不被窃取和非法访问方面存在困难；在如何在信息发布过程中界定数据既存在效用又不涉及个人隐私方面存在困难。这些困难的难以解决使个人隐私数据产生被泄露的风险。

（3）个人信息保护存在技术困难。大数据时代，个人信息数据在互联网中留存，具有累积性和相关性特点。单个的个人数据在海量数据面前可能显得微不足道，也不会带来隐私安全问题，但是不同的个人聚集一起所包含的数据却是巨量的，对任何数据的挖掘和分析都有可能牵涉到个人的隐私数据，但是这种隐私泄露具有隐性特征，即便暴露出来，个人也不会立刻察觉并对其进行控制。例如目前技术层面还无法阻挡"人肉搜索"对个人隐私的侵犯和泄露，除此之外，电商平台利用大数据挖掘分析出的个人行为偏好进行广告投放也会涉及个人隐私泄露。所以，怎样以技术手段来防止因为技术造成的个人隐私泄露，目前来讲存在困难。

（4）个人隐私与权利地域性之间的冲突。网络环境下的信息在各个地域之间相互交互使个人隐私一旦发生泄漏就会快速在网络中四处传播而不论地域差异，任何人都有可能掌握和分享其他个人的隐私信息。个人隐私在网络环境下已经跨越地域、国别限制，成为全球皆可获取的信息资源。然而各个国家对个人隐私的界定以及相关法律法规存在差异，这就给个人隐私在跨国保护方面带来了难题。网络的全球性传播特点与个人隐私保护的权利地域性之间产生冲突。

（二）大数据使大学生社会主义核心价值观教育面临严峻挑战

大数据时代，数据技术的使用与发展以互联网环境为前提，在互联网环境中，利用大数据技术对大学生社会主义核心价值观教育变革的同时，也伴生着来自大数据方面的冲击与挑战。

1. 大数据对大学生社会主义核心价值观教育体系的冲击

大数据的出现使社会主义核心价值观的教育能够更加精准和科学。大数据将大学生的需求、兴趣偏好、个人思想行为习惯等都量化为数据，从而使教育者可针对数据对大学生进行分析，这样使社会主义核心价值观教育不仅在内容上可以结合大学生自身特点和需求进行个性化、有针对性的教育，而且在方式方法上可以根据大学生的个体差异进行适当调整和迎合。这一手段的实现也将打破传统以教育者为主导的教育模式，这给教育者和受教育者都带来了前所未有的冲击。大数据调动了大学生的积极主动性，也使教育者能够在大数据结果面前对自己的教育内容、教育方式进行深刻反思。这变革了传统教育中整齐划一的教育模式。

首先，大数据给原有的教育体系带来了冲击。高校在对大学生进行社会主义核心价值观教育的过程中已经形成了一套相对完整和成熟的教育体系。此教育体系首先会根据社会主义核心价值观的整体要求确定教育内容、要求和方案，其次会根据教育内容、要求和方案明确教育方式方法和教育路径，最后对教学进行评估。整个现有的教育体系虽然涉及环节众多，但各个环节和要素之间能够有机整合、彼此衔接，保证体系的完整性。大数据时代的来临改变了现有的教育体系，它将教育者与大学生的思想和行为量化，从科学和客观的角度呈现教育者与大学生的现实诉求、热点关注问题、对社会主义核心价值观的整体理解等。将大数据引入大学生社会主义核心价值观教育是大数据时代的现实需求，它势必会引起原有教育体系的调整和变革。究其原因主要有三点。第一，原有教育体系建立的基本前提是教育者对大学生基本情况的简单预设以及对现实状况的简单判断和把握。这些简单的预设、判断和把握并不具有客观性，也不能够保证其科学有效性，其作为长久以来的标准与使用大数据之后所呈现的大学生与教育者的实际状况之间会存在偏差。然而，长久以来的标准已经在人们心中成为思维定式，一旦出现与思维定式不相符合的新的标准，必然会使教育者与大学生进入一定的适应阶段。因此，也必然引发教育体系的调整和变革。第二，大学生的需求以及兴趣爱好、行为习惯在网络的影响下呈现动态化特征。原有教育体系在掌握大学生的动态性方面存在困难，而大数据的出现使对大学生的监测具有实时性特点，这样就便于全面掌握大学生的行为习惯，可较好地对其进行社会主义核心价值观教育。但这一改变将会使教育者在原有教育体系中的知识结构发生更新和调整。第三，大数据改变原有的大学生接受教育的习惯。原有教育体系中的缺乏互动、灌输式的教育模式将被摒弃，取而代之的是更加具有互动性、个性化、以人为本的教育模式。这必然给原有教育体系带来冲击。

其次，大数据挑战社会主义核心价值观教育传统权威。在传统社会主义核心价值观教育中，教育者占据教育的主导性地位，对大学生采取的是单向灌输方式。这种教育方式往往占据理论高地，统领大学生社会主义核心价值观教育的方向。在教育过程中，教育者的主导性体现在其具有话语权和自主选择权，而大学生处于被动接受地位，没有独立自主权。大数据的运用对教育者的主导性地位带来冲击，它通过对大学生的日常生活数据进行挖掘和分析，对其进行精准画像，使大学生形成自我认知，将有助于他们发表对社会主义核心价值观的观点和看法，也有助于调动大学生学习的积极主动性，这样一来，大学生将改变在教育中的被动地位。从教育内容来看，大数据使大学生能够更加全面地、有针对性地掌握知识信息，从而可以对传统教育内容质疑，挑战传统权威。而且大数据的运用使教育方法个性化，更贴近大学生实际。建立在上述变革基础上的大数据时代社会主义核心价值观教育模式，更易于激发大学生的学习兴趣，从而使大学生从内而外展现出贴合社会主义核心价值观的驱动力。驱动力的形成必然会引发教育过程中教育者与大学生相互地位的改变。在大数据时代，权威变成了动态的概念。

最后，大数据打破了大学生社会主义核心价值观教育原有的时空限制。

传统的一切教育都仅仅局限在规定的时间，在规定的地点，采取规定的方式教授固定的内容。这样的教育模式没有将大学生进行任何差异化划分，而是按照整体性思维将所有大学生及所有课程相统一。大数据的运用将大学生进行个性化划分，按照其思想行为的数据分析结果，认清大学生在需求、兴趣爱好、学习习惯、认识水平等方面的差异，从而为实现个性化教育提供技术支持。这需要做到以下几点。第一，建立高素质、懂技术的师资队伍。在高校事务中要找准各部门、各环节、各个人的优势并将其放大，在科研中要精益求精，广泛拓展教师科研能力，使其熟练掌握大数据技术，实现利用大数据分析大学生和教学工作的目标。第二，建立或者改变教育环境，将社会主义核心价值观植入教育教学工作全领域，全时段地通过各种媒介和渠道实施社会主义核心价值观教育，激发大学生对社会主义核心价值观的兴趣并使其形成需要。第三，从制度上建立有利于使大数据与社会主义核心价值观相融合的制度体系。通过更新优化教育内容、评价机制、鼓励措施等来为大学生社会主义核心价值观教育的实施提供良好的制度保障。

2. 大数据对高校师生价值判断的冲击

大数据为大学生社会主义核心价值观教育提供了坚实的技术支持，同时也为教育者与大学生以及高校各级部门提供了丰富的数据资源，大数据在对大学生进行思想行为分析的同时，也体现出其所蕴含的巨大价值。然而，也正因为大数据的内容的极端复杂性和数据的海量性，社会主义核心价值观教育中的师生在面对大数据时很容易陷入迷茫和困惑。同时，大数据本身作为一种技术并不具有政治属性，所以就存在持什么样政治立场的人使用大数据，大数据就会为什么样政治立场的人服务的弊端。这样极易引起高校师生的价值判断错误。

第一，大数据在为大学生社会主义核心价值观教育带来便利的同时，海量数据的出现也使高校师生在数据面前陷入迷茫和困惑。体现在以下几点。一是海量数据所包含内容的混杂使大量错误、重复、低价值信息被挖掘和分析，大大降低数据结果的真实有效性以及数据分析的效率。面对海量数据，不能一味地追求覆盖面广、数据齐全，而是要酌情将潜在的错误数据、低价值数据以及重复数据从大数据中剔除，这将有利于保证结果的真实可靠性，提高数据利用效率。但这一系列工作对技术掌握程度有较高要求，目前在技术手段方面还存在困难，这也从侧面给高校师生的价值判断带来难题。二是大数据所蕴含的价值正如大数据的含义一样，是一个变动的过程，一些数据在此时具有巨大价值但在彼时却没有价值，这就需要对数据的价值判断不断变化。三是大数据可以在针对大学生社会主义核心价值观方面做出大量理论技术分析，掌握大学生在社会主义核心价值观教育中对社会主义核心价值观的理解和践行程度。但大数据终究是一种技术，所得结果仅仅可作为参考，并不能够反映出大学生思想观念的全部事实，所以还需结合大学生本身的实践来验证大数据的结果，避免陷入形而上学的唯数据主义。

第二，作为大数据基础的网络环境信息复杂、种类繁多且规模庞大，使高校在意识形态阵地上的主导地位受到挑战，主流价值观在网络环境中存在消解的危险。大数据作为一种技术手段，在运用过程中存在两面性，既可以维护主流价值观，也可以诋毁或者消解主流价值观。除去积极方面，造成消极影响主要是由于大数据所挖掘和分析的数据存在大量的反主流价值观因素。近年来，网络的普及以及网络本身的匿名性特质使信息可以无障碍地交互，也正因为信息的无障碍交互，各种错误的、消极的价值观流入网络环境，从而加剧了网络环境的复杂性。大数据对包含这些信息的数据进行挖掘和分析，由于大数据仅仅是一种技术手段，本身不具备价值判断能力，也没有任何政治导向，得出的结果会给数据结果的使用方带来价值判断迷思。

3. 大数据引发大学生社会主义核心价值观教育的伦理反思

如前所述，大数据时代个人隐私面临巨大挑战。因此，个人隐私所牵涉的伦理问题需要高校教育工作者在利用大数据的同时加以反思。伦理的发展总是落后于社会科技进步，新技术的出现必然会引发有关伦理的讨论，从而也就阐明大数据正在对传统伦理发起挑战。

其一，如前所述，大数据牵涉个人隐私。人们在大数据面前无所遁形，在此不加以赘述。

其二，数字身份引发的伦理反思。"数字身份是在网络空间领域流行的概念，被定义为一组独一无二地描述一个人（有时指主体 subject 或实体 entity）的数据，是有关一个人的所有在数字上可得的信息的总和。"[①] 身份

---

① Kinderlerer, Julian et al. *Ethics of Information and Communication Technologies*, Opinion of the European Group on Ethics in Science and New Technologies to the European Commission. 2012.

是界定一个人特征的属性集合，一个人的身份包括许多方面，涵盖"社会身份（同伴、家庭和朋友）、法律身份（出生证、驾驶执照）以及物理身份（DNA、外观）"①。大学生在学校中的学生身份即社会身份，而数字身份是指在网络环境中使用的身份，大学生在网络环境中的数字身份存在多样性，其会依据不同的网络服务或上网目的而建立不同的数字身份。由此也可得出，数字身份具有动态性。然而，数字身份即便存在不确定性与动态性，也包含巨大的商业价值，它的存在建立在用户的真实个人身份基础之上，所以有关个人数字身份的挖掘、追踪和泄露成为普遍现象，这也同时带来了伦理反思。目前，数字身份存在两大问题，一是数字身份盗用猖獗，二是数字身份越来越容易追溯，这样一来就使个人信息容易被泄露。大数据可以根据个人在网络环境中的数字身份追溯个人在现实生活中的真实身份信息，而这有违伦理。所以，不仅要对个人真实身份信息加以保护，个人的数字身份作为在互联网环境中延伸出的新身份，也要加以保护。

其三，数字鸿沟引发伦理反思。大数据作为一种技术的同时，也作为一种资源被广泛利用。但是，任何资源都不可能公平地作用于所有领域和所有人。这就出现了数字鸿沟。"数字鸿沟是一种'技术鸿沟'（technological divide），即先进技术的成果不能为人公平分享，于是造成'富者越富，穷者越穷'的情况。"② 在全球领域，数字鸿沟所带来的是信息掌握程度和所受到的信息服务的失衡，而在大数据时代，对大学生社会主义核心价值观教育来讲，数字鸿沟意味着大学生之间、不同高校之间在大数据面前无法做到使用的平等，也就是说大数据无论作为一门技术还是一种资源，都无法使一些大学生和高校获取相关利益，大数据无法彻底涵盖所有大学生和所有高校。这就出现了伦理问题。一方面有些高校因为资金雄厚、地处发达地区、人才建设较快等可以为教育供给大数据的使用，也可以使用大数据来对大学生等进行分析，从而提升社会主义核心价值观教育效果，但有些高校因为资金缺乏、地处欠发达地区、人才短缺等无法使用大数据，无法享受到大数据带来的相关利益，这就造成了教育的不公平。有效解决这些伦理问题，对教育者和大数据技术使用者来讲都存在困难。这也给新技

---

① 邱仁宗、黄雯、翟晓梅：《大数据技术的伦理问题》，《科学与社会》2014 年第 1 期。
② 邱仁宗、黄雯、翟晓梅：《大数据技术的伦理问题》，《科学与社会》2014 年第 1 期。

术手段下的教育公平带来了挑战。

其四，大数据安全引发的伦理反思。互联网本身作为技术平台是受监管和管控的，但是互联网平台上的内容却往往处于管控的真空地带，充斥着别有用心之人所散播的虚假且具有煽动性的信息，给网络安全带来了挑战。在这一背景下，对互联网内容的管控也应该加强，为网络安全建立保障。然而，一旦涉及对互联网内容的管控，势必会涉及个人隐私的边界问题，也必然会带来政府权力的行使问题。大数据对互联网内容的收集分析会获取发布者的相关信息，而政府对互联网内容的监控也不免会触及此。在什么伦理条件下可以实施监控？这需要教育者与大数据运用者酌情思考。新技术的使用必然会引发一系列伦理问题，但这也将促进伦理制度的进步。

四　大数据时代我国大学生社会主义核心价值观教育迎来新机遇

随着我国高校的智能信息化建设不断深入，高校教育已经进入数字化时代。"智慧校园"、可穿戴智能设备、移动设备的普及为大数据的运用提供了海量数据资源，而这些数据资源是大学生日常生活的映射，确切地反映了大学生的思想和行为。因此，大数据的使用使大学生社会主义核心价值观教育迎来新机遇。

（一）　大数据推动我国大学生社会主义核心价值观教育思维由微观向宏观转化

随着大数据时代的发展，大数据意识也逐渐地被人们接受并渗透进生活的各个角落。大数据在带给传统教育重大冲击的同时，也使所有教育参与者的教育思维发生转变。思维是人类所具有的高级认识活动。按照信息论的观点，思维是对新输入信息与脑内储存知识经验进行一系列复杂的心智操作的过程。[①] 思维是借助于语言、表象或动作实现的对客观事物概括的和间接的认识，是认识的高级形式。[②] 它揭示事物之间的关系，形成概念，利用概念进行判断、推理，帮助人们解决面临的各种问题。人的思维不是静止不变的，而是在发展过程中不断演进、逐渐完善。

---

① 刘颖、苏巧玲主编《医学心理学》，中国华侨出版社，1997，第27页。
② 彭聃龄主编《普通心理学》第4版，北京师范大学出版社，2012，第280页。

1. 从部分到整体的思维转变

人类的认识在方法论上经历了"整体—分析—系统"这样一个螺旋式的发展过程。而整体、分析、系统的发展阶段在不同时代具有不同的意义和内涵。有学者指出，中世纪以前的古代科学，可称为"整体时代"，但当时的整体只是存留于对事物表面肤浅的认知层次，无法获得精确与细密的认知体验。以哥白尼革命开始的近代科学，使分析方法风靡各个领域。它把自然界分解为各个部分，把自然界各个过程和事物分成各个门类进行研究。此时的分析方法使人们看到了在"整体时代"所无法洞见事物的内在联系，所以，有人称这一时代为"分析时代"。然而，对事物进行分解并不意味着对事物有更深层次的理解，细化的分解导致事物整体性遭到破坏，从而影响人们从整体的角度把握事物。分析方法也因此走向了自己的反面。20世纪，人类踏入"系统时代"，"系统时代"或是真正意义上的"整体时代"。无论是贝特朗菲的机体论物学还是诺依曼和摩根斯坦的对策论，都为"系统时代"提供了理论根基。随着分析方法的划时代变革，人们的思维也跟随分析方法的改变而改变，从最初只注重事物的外显状态和特征到逐步地深入内部，进而发展为对事物系统的把握。早在古代，被认为摇摆于唯物主义与唯心主义之间的亚里士多德就具有综合的系统分析思想，他的"整体大于它各部分的简单总和"，至今仍是系统思想的一种表述。各要素的简单相加不能构成整体。

在对大学生进行社会主义核心价值观教育的过程中，传统的教育手段主要运用分解方法将社会主义核心价值观局部性地灌输给大学生，或者灌输给部分大学生，这并不能够使社会主义核心价值观覆盖全体。这种现状仿佛又退回到了"分析时代"割裂整体的误区之中。在小数据时代，样本分析方式始终是分析问题的优选途径，我们通常寄希望于用少量的样本来发现事物之间的相关关系，发现大问题。然而，此种方法或许对具有同质性的事物有效，对异质性事物的分析则缺乏说服力。但即便是同质性的事物，在本质中也会存在差异，而细微的差异恰恰是小数据时代的样本分析所无法涉及的领域。小数据时代所热衷的样本分析方法的弊端在目前的研究中逐步凸显。诸如不具有时效性、精确性、客观正确性，不能够代表全体。这让小数据时代的样本分析方式及其结果普遍受到质疑，究其原因，终归在于小数据时代的分析思维没有秉持整体性，而是过分聚焦于部分，这往往使研究陷入以偏概全的困境。在大数据时代，我们要将倒退回"分析时代"的以分析部分为主的思维拉回到系统思维，即整体思维。在"样本＝全体"的大数据时代，通过利用大数据技术，我们的调查分析所涉及的数据即为全体，这样就避免出现小数据时代在调查分析中所存在的种种遗漏。通过对海量数据的分析，我们不仅能够发现事物之间未曾察觉的联系，而且可以看到事物的本质。以大学生为例，在小数据时代，问卷调查的受众群体给出的调查答案并不能完全代表其自身的真实想法，在大数据时代，在整体思维下的分析模式，分析者可以看到什么才是大学生的真实表达。此外，大数据所包含数据的体量之大与复杂性之高都将是正确结论的有力保证。正如中国工程院院士李国杰所述："发展大数据的目标就是要获得协同融合的'无缝智慧'。单靠一种数据源，即使数据规模很大，也可能出现'瞎子摸象'一样的片面性。"[1] 所以，混杂性研究思维将代替"确凿无疑"的面孔，部分的思维方式将向整体性转变。

对大学生社会主义核心价值观而言，社会主义核心价值观"24字"包含了国家、社会和个人三个层次的规范要求，作为一套系统的价值观理论，其本身就需要用整体性思维方式来把握。对教育者来说，大学生社会主义核心价值观是一个繁杂的系统，影响此价值观的因素众多，我们只有拥抱混杂的数据或者线索，才能够最贴近客观与现实。若不具备整体思维，就无法总揽全局。正如维克托·迈尔·舍恩伯格所说："我们总是习惯把统计抽样看作文明得以建立的牢固基石，就如同几何学定理和万有引力定律一样。但是统计抽样其实只是为了在技术受限的特定时期，解决当时存在的一些特定问题而产生的，其历史尚不足一百年。如今，技术环境已经有了很大改善。在大数据时代进行抽样分析就像是在汽车时代骑马一样。在某些特定的情况下我们依然可以使用样本分析法，但这不再是我们分析数据的主要方式。"[2] 所以，大数据时代，从注重样本到注重整体的思维转变为社会主义核心价值观带来了崭新的机遇。

2. 从精确到混杂的思维转变

在大数据时代之前，人们在解决某事件时的基本出发点是对精确性的

---

① 李国杰：《对大数据的再认识》，《大数据》2015年第1期。

② 〔英〕维克托·迈尔·舍恩伯格等：《大数据时代——生活、工作与思维的大变革》，盛杨燕等译，浙江人民出版社，2013，第43页。

高度追求。尤其在小数据时代，由于技术方面存在缺陷和人们具有惯常的思维定式，精确性一直以来被作为衡量效果的最佳指标而被广泛推崇。然而追求精确性的道路并非一帆风顺，在追求精确的过程中我们也会犯各种各样的错误。也正是这些错误，最后导致了结果的不精确，从而影响了整体效果的实现。在维克托·迈尔·舍恩伯格看来："执迷于精确性是信息缺乏时代和模拟时代的产物。"[①] 那么进入大数据时代，拥抱混杂数据，是我国大学生社会主义核心价值观教育面临的机遇所在。它将为教育开启一扇连接各方因素的大门。只有具备混杂性思维，才能够更好理解大数据的价值。一味地追求精确，将丧失大部分数据，这并不符合大数据的意义。所以，大数据将我们一贯持有的对精确的盲目追求转化为了拥抱混杂，使大学生与社会主义核心价值观教育之间潜藏的联系逐渐显现。但对于混杂的追求并不意味着完全抛弃精确，对混杂数据的利用只是为了让结果更加精确。

混杂性思维一直以来作为人类基本的判断能力而存在。我们在很早就开始运用混杂性思维方式分析问题，例如，当我们判断远方一个人是谁时，我们只要将此人的高矮胖瘦、走路姿势等大致的特征与在自我思维中所储存的此人的信息加以比较就会得出结论。但在计算机领域，我们却要精确地输入此人的身高、体重、手臂摇摆频率等详细的数据信息才能得出结论。早在 1965 年，美国加利福尼亚大学扎德教授提出模糊集合论，引发了人们对思维的反思，但依靠当时的科技，精确性与混杂性就如同鱼和熊掌一般无法兼得。当一个系统混杂性增大时，它的精确性就会减小，在达不到一定数值以上时，精确性与混杂性就会相互排斥。而大数据可实现混杂与精确的并存。

所以，在大数据时代，具备混杂性思维和容许数据的混杂为大学生社会主义核心价值观教育开辟了崭新的路径，对混杂数据的分析使我们得以将涉及大学生社会主义核心价值观的相关信息尽收眼底，从而更好地推进教育。

3. 从因果到相关的思维转变

长久以来，在哲学领域，有无数哲人从本体论意义上对因果关系进行

---

① 〔英〕维克托·迈尔·舍恩伯格等：《大数据时代——生活、工作与思维的大变革》，盛杨燕等译，浙江人民出版社，2013，第 67 页。

探寻。英国哲学家休谟认为："任何物象都不能借它所呈于感官前的各种性质，把产生它的原因揭露出来，或把由它所生的结果揭露出来。""因果之被人发现不是凭借于理性，乃是凭借于经验。"① 依休谟看来，因果关系建立在经验基础之上，如果无法得到经验的支撑，我们就无从知晓事物的存在。据此可知，因果关系作为长期以来人们认识世界的惯性思维而被延续。但大数据的出现予因果以转变。在维克托·迈尔·舍恩伯格的《大数据时代》中，他认为关于事物"只知道是什么就够了，没必要知道为什么"，显然，他是站在批判经验性因果关系的角度出发来看待问题的。假若因果关系如休谟认为的那样是建立在经验基础之上的，那么由此产生的经验性思维也需要在从因果转变为相关关系的思维中才能有所转变。长久以来在我国传统文化的主导下，人们通常会以"是否具有丰富的经验"作为一种衡量别人的标准。"英国汉学家罗伯特·道格拉斯爵士认为，中国人'自然而然地反抗了那种超出了自己的经验范围而去研究事物的想法'。"② 关于因果关系，我们有这样的思维模式，在结果面前，我们习惯性地往前追溯去寻找原因，认为只有知道原因，我们才能在类似事件出现时积攒解决此类事件的经验并改变事件结果。这种思维定式必然会带来一些不便，一味地追求因果关系反而会忽视其他。大数据对相关关系的追求并非否定因果，正如维克托·迈尔·舍恩伯格本人也从未否定哲学中的因果关系的存在，而是在技术层面揭示了一种新的思维方式，即从相关关系出发探究事物的本源。维克托·迈尔·舍恩伯格将相关关系抛出之后，学术界关于因果关系与相关关系的辩论持续不断，关于因果与相关的争论主要涉及科学与技术层面。在技术层面，我们确实只需要知道怎么做或者是什么就够了，而在科学层面，我们却一定要知道为什么。因为科学是一种研究，它是关于发现、发明、创造、实践的学问，它是人类探索、研究、感悟宇宙万物变化规律的知识体系的总称。所以，舍恩伯格的因果与相关的论断与科学研究中的因果与相关是从两种不同角度出发的。从这个维度上讲，因果关系是人类的思维定式，我们不能够也不可能将因果关系完全抛弃，而是要在思维中不断加入相关关系成分，配合因果关系来进行研究。

① 〔英〕休谟：《人类理解研究》，关文运译，商务印书馆，1972，第 28 页。
② 孙长虹：《我国传统经验思维方式及其影响》，《江西社会科学》2012 年第 4 期。

（二）大数据推动我国大学生社会主义核心价值观教育管理由含混向精准转化

高校作为我国大学生社会主义核心价值观教育发生的主要场域，在大学生社会主义核心价值观建立和传播的过程中发挥着关键作用。高校如何将管理职能落实到位，如何提升大学生对社会主义核心价值观认同度以及如何实现因材施教等目标，是提高大学生社会主义核心价值观教育效果的关键。而确保良好效果的实现的重要手段即高校管理体系到位，管理者和管理部门能够做好社会主义核心价值观教育的顶层设计，推进大学生社会主义核心价值观教育。"组织结构的设计应当职责分明，使每个人都知道应该做些什么，谁对什么成果负责；应能排除由工作分配的混乱和多变所造成的故障；并能提供反映和支持组织目标的决策沟通网络。"① 所以，在大数据时代，教育管理由含混向精准转化主要体现在以下几方面：基于大数据建立现代教育管理体系；利用大数据建立预警与预测机制；利用大数据保证高校网络安全；实现数据共享。

1. 基于大数据建立现代教育管理体系

大数据时代，"智慧校园"的建立使有关大学生自录取至毕业所发生的一切教学活动、成绩录入、学籍管理、奖惩以及校园生活等都处在信息终端的监测下。依托于这些海量数据，高校管理应当组成一套使规划、组织、协调相统一的现代教育管理体系，利用大数据营造高校管理的整体，高度协调和信息有效共享的局面。然而，当前高校在信息平台建设方面存在各自为政、开发工具不共享、维护不规范、组织不协调、部门与部门之间缺乏有效的合作机制以及标准不统一的问题。这些问题无疑给教育管理带来麻烦，造成资源浪费，这并不能够使高校内部、高校之间完好地利用大数据提高效率。

对教学各环节产生的数据进行整合，是大数据时代对高校教学信息化建设的基本要求，也是提升高校管理效率的有效途径之一。当今，在信息化飞速发展的基础上，越来越多的高校可以并且已经建立自己的信息管理

---

① 〔美〕哈罗德·孔茨、西里尔·奥唐奈：《管理学》，中国人民大学工业经济系外国工业管理教研室译校，贵州人民出版社，1984，第317页。

系统，通过对大学生的数据进行采集、传递、储存、加工和使用，形成了一套基于信息技术的服务体系，这为高校管理效率提升建立了基础。

目前，大数据技术在高校教育管理中的运用主要集中于三个方面：首先，对大学生进行学习分析。对大学生的显性行为即上课的表现、完成作业的情况等与隐性行为即沟通平台的言论等相关数据进行分析，可以为教师提供一种增强教学效果的有效渠道，也可以据此为学生提供符合他们自身学习习惯的教育平台。例如，当前学习分析技术在中国大学 MOOC 中使用较多，其通过收集学习者的学习时间、学习习惯、浏览轨迹等数据，对学习者进行学习分析，了解学习者的学习习惯、学习行为，并进行预测。依托于大数据，教育可以以一种"私人定制"的形式展现在学习者面前，更好地促进教育的发展。其次，对学生进行综合评估。国际学生评估项目是学生评估的典型代表，但是该项目只是经济合作与发展组织（OECD）进行的仅针对 15 岁学生的阅读、数学、科学能力评价研究项目，还没有对大学生开放，但是我们可以从中汲取经验，来思考如何利用大数据技术建立大学生的评估平台。参考国际学生评估项目我们不难发现，它完好地规避了传统教育评估中的种种弊端。在传统教育中，教育者对学生评估仅仅依靠学生成绩、课堂表现。这样会使评估结果过于简单和片面。而在大数据时代，教育评估可与大数据的全面性特征相一致。所以，全面的教育评估也是对传统教育手段的颠覆。最后，智慧校园的建立。我国很多高校早已进行智慧校园的实践和探索。例如，江南大学 2011 年开发的"数字化能源监管平台"，实现了对变电所、中央空调、路灯等设施全方位、立体式的数字化实时管理。浙江大学建成了信息化应用支撑平台，如身份认证、校园卡、数据共享平台等。可见，智慧校园在将学校打造成全媒体、全网络环境之后，可对学生的行为及学校的设施进行全方位的智能化监督，从而提升高校管理效率，贯彻服务育人、以人为本的理念。在大学生社会主义核心价值观教育中，对大学生进行学习分析，可以掌握大学生对社会主义核心价值观的真实掌握情况、存在的困惑以及基本看法。结合新型的评估方式，更新教育管理理念和方法，从顶层设计层面制定教育方针政策，监督教育管理部门贯彻实施方针政策，可以更好地发现大学生和教育者以及高校管理者在社会主义核心价值观教育中的不足，并促使其及时改正。智慧校园的建立使数据收集更加全面和便捷，使学校管理提高效率。在社会主义核心价值观践行方面，智慧校园可将社会主义核心价值观融入校园文化建设等环节，创建社会主义核心价值观教育环境，提高教育效果。

2. 利用大数据建立预警与预测机制

当今时代瞬息万变，各种思潮涌动激荡。在这样的时代背景下，我国大学生受自身年龄、阅历、心智等因素所限，具有不成熟的特点，易受不良思想的侵害。尤其是在网络普及化的今天，隐藏于网络背后的极具煽动性的负面评论此起彼伏，严重影响了接触网络的主要群体——大学生的社会主义核心价值观的培育和践行。因大学生与教育者的思想状况在网络中极具隐蔽性，各种思潮的传播因网络的匿名性而不易被察觉和发现，这就使高校的管理存在困难。例如对教育者来讲，教育者作为社会主义核心价值观传授的主要力量，对大学生社会主义核心价值观的养成起到关键作用，然而目前，在高校对教育者传授内容缺乏有效监管的情况下，高校并不能保证教师所传授的都是符合社会主义核心价值观的主旋律内容，监管的真空给大学生社会主义核心价值观教育质量的提升带来难题。而对于高校各个管理机构来讲，各个管理机构之间有效配合，将社会主义核心价值观教育政策上传下达到位，也是保证教育效果的前提，而目前高校各个管理机构之间并不能够保证有效联系，甚至出现在政策制定之后需要下达各级机构时，各级机构没有贯彻落实上级的情况。这就给高校社会主义核心价值观教育的管理带来混乱。在以往的高校管理中，管理者对于上述关于大学生的问题以及教师的问题、高校管理机构的问题也有一定的应对手段。比如针对学生的问题，会安排辅导员进行谈话或者开展主题班会活动和社会实践活动；针对教师的问题，教务处会派督导组随机到各个课堂进行听课；对于高校机构的问题，学校上级组织会定期召开会议部署相关工作并计入单位考核。尽管这些措施在一定程度上有效，但在管理中仍然存在诸多问题。

在大数据时代，要建立大数据预警机制。正如商场根据需求和库存情况以及 SAS 系统对多达千万种的货品进行实时调价一样，也正如 Tesco PLC（特易购）连锁超市在其数据仓库中收集 700 万台冰箱的数据，通过对这些数据的分析，进行更全面的监控和主动的维修以降低整体能耗一样，高校应依据社会主义核心价值观要求建立一套安全标准或划定安全范围，设置预警线，对大学生以及教育者进行实时监督。当我们的研究对象相关的数据出现了异常，不符合安全标准或者超出了安全范围，预警机制就会启动自动报警，我们就可快速知道哪里出了问题，出了什么问题并且及时地解决问题。这就为高校的高效管理带来了机遇，也变革了以往的管理模式。我们再也不用从头开始一步一步地探索，而是可以清晰地知晓症结之所在。

预警机制是针对超出标准或者安全范围的异常现象进行治理，总体而言，它仍旧具有滞后性。"社会主义核心价值观教育的最终要求是入脑入心，将其内化为大学生个体价值观的组成部分，成功的关键在于有效接受和自觉认同。"① 然而，大学生社会主义核心价值观的形成和认同是一个漫长的过程，同时也受多种因素的影响和制约。当我们利用预警机制发现高校管理者、教师以及大学生存在的问题时，那么这个问题可能已经在人的思想和心理内部存在了很长时间，当预警启动时，高校再来进行管理疏导，也需要时间。所以，在预警之前进行预测，是避免相关事件出现的最好防范。

预测主要能够把握事物发展的趋势和动态。如电商网站根据用户浏览商品时的点击量预测用户的购买偏好，从而自动推送相关商品。教育预测在大数据时代之前就已存在。传统的教育预测主要有以下几个步骤，即提出课题和任务、调查收集和整理资料、建立预测模型、进行预测、评价预测结果和将预测结果提交决策者或计划人员。由此可见，传统的教育预测手段步骤烦琐、复杂且不具备时效性，也无法保证预测结果的准确性。大数据时代，在高校管理事务中，我们只需对高校管理者、教师以及学生三种群体的相关电子数据进行挖掘和分析，就能预测出他们的思维走向，及时对偏离正确轨道的个人进行干预。同时，大数据也为舆情监控提供了可能。"舆情是由个人以及各种社会群体构成的公众，在一定的历史阶段和社会空间内，对自己关心或者与自己利益紧密相关的各种公共事务所持有的多种情绪、意愿、态度和意见交错的总和。"② 随着网络技术的成熟以及网络的普及，移动终端例如微信、微博、抖音等应用因深受公众喜欢而成为

---

① 喻滨：《接受与认同：高校社会主义核心价值观教育的关键》，《中国青年社会科学》2016年第6期。

② 刘毅：《网络舆情研究概论》，天津人民出版社，2007，第53页。

其表达内心所思所想的重要渠道，从而成为舆情传播的主阵地。大学生是这些应用的主要群体，利用大数据技术，我们可以捕获大学生在这类媒体中的踪迹，根据所设定的预警线来管理这些载体的表达尺度，并结合大学生的兴趣爱好，预测他们的行为习惯，使社会主义核心价值观与大学生兴趣爱好相结合。在以往的高校管理过程中，我们很难知晓大学生在网络媒介背后的样子，从而错失干预的最佳时机。大数据时代的精准预测可以使管理更加智能化、人性化和准确化，从而为科学管理提供技术支持。

3. 利用大数据保证高校网络安全

大数据时代，高校数据交换量快速增长、用户飞速增多，这使数据环境更加复杂，尤其是网络环境本身的全兼容模式，给数据安全和校园网络安全带来了威胁。传统的数据安全管理模式已然不能够满足现在的网络安全需要，网络安全在信息内容、传播和管理三个方面均出现了不同程度的问题。首先，在信息内容上，信息内容正遭受前所未有的安全威胁。信息的泄露和信息破坏都会给使用者带来不良影响。信息泄露指非法用户未经授权，窃取、截获、破译系统中的数据信息，使用户隐私遭到泄露。信息破坏指由于非法行为、系统故障或者病毒等对数据内容的修改或破坏，影响了正常的数据使用。其次，在信息传播上，网络环境下的数据传播往往缺乏有效的保护技术和机制，这样就会使数据在传播途中容易被人窃取或者受到系统故障等影响而被破坏。最后，在数据管理上，数据安全管理规范不完善以及管理人员安全管理意识不足等都会给数据管理增加风险。在理论方面，网络安全事关社会主义核心价值观教育的成效。若网络处于无人监管的状态，就会给敌对势力可乘之机。目前我国网络还无法做到实名制，这就提高了网络不安全系数。各种反动思想利用网络匿名性，在网络中兴风作浪，也阻碍了我们社会主义核心价值观的培育和践行。

在技术层面，目前我国许多高校也在着手解决网络安全带来的威胁。但因我国高校在大数据建设方面仍不完备，仍需学习更多先进技术和理念，所以在利用大数据增强网络安全方面可借鉴国外相关技术与做法。例如美国高校消除威胁、维护网络安全的普遍做法是通过信息安全办公室（Information Security Office，ISO）以及信息技术服务部（Information Technology Service，ITS）在其系统中植入 Splunk。Splunk 是机器数据的引擎。使用 Splunk 可收集、索引和利用所有应用程序、服务器和设备生成的快速移动型计算机数据。使用 Splunk 处理计算机数据，可以在几分钟内解决问题并调查安全事件。利用 Splunk，工作人员可以充分了解校园内所有终端的使用情况。通过数据挖掘发现异常状况并自动提交异常报告，工作人员能够及时解决异常，保护网络安全。基于大数据分析技术的 Dxplunk 不仅可以实时监控，而且可以有效地充当防火墙的角色。Splunk 软件使学校以及其他组织能够监视、搜索、分析、可视化和处理大量的实时和曾经的数据。在网络生活逐渐挤占现实生活的当今，保障网络安全是大学生社会主义核心价值观教育的前提和根基。

4. 实现数据共享

数字信息化教育管理是大数据时代对教育管理的必然要求，各高校纷纷设立数字信息化教育管理系统。因此在高校教育管理中便产生了海量数据，面对蕴藏巨大价值的数据信息，高校管理机构和管理者怎样才能将数据价值发挥到极致，是摆在高校管理者面前亟待解决的问题。目前，共享为此问题的解决提供了方案。它可使数据资源得到最大化地利用。在大数据时代以前，我国高校的管理体系多数呈现各自独立的状态，在构建大数据平台方面也各自为政，所研究或者建立的信息平台仅仅秉着满足自己学校使用的理念。这是对海量数据的一个巨大浪费，无法使大数据发挥本该发挥的大价值。对社会主义核心价值观教育而言，社会主义核心价值观本身是一个系统的思想体系，其包含家庭、学校以及社会方方面面的因素，所影响范围之广、受影响因素之多前所未有，它并不是一套孤立的理论，而是需要全社会共同努力培育和践行的理论与实践的统一体。但就目前高校的做法来说，孤立地各自为政地建立平台的方式，人为地给大学生社会主义核心价值观树立了阻碍。而数据共享的实现对高校教育管理来讲事关重大，它可以使高校教育管理借助于共享数据的分析看清自己与其他高校之间的差距，同时也可以通过借鉴其他高校的有效经验解决自身无法解决的问题。它使高校在社会主义核心价值观教育实施中能够拓宽眼界，用更新的理念指导管理。所以，数据共享的实现给大数据时代大学生社会主义核心价值观管理带来了崭新机遇。

数据共享涉及数据主体、客体和载体三方面。其中，数据主体包含教育团体、组织机构和个人。客体主要是指学生学习行为、教师教学行为、学校教育和管理资源数据等。实现共享必须借助于大数据信息平台。大数据信息共享平台是一套跨越空间与媒介障碍的大系统体系。它针对共享服务，能够提供数据存储、接入、管理等服务，有效提高教育管理效率。在平台内涵上，大数据信息平台功能主要有两种。一是资源整合。资源整合能够跨越部门之间障碍，疏通信息，使数据主客体之间的数据得以整合。二是共享服务。共享服务通过建立数据处理标准和流程，为数据共享提供服务。在框架结构上，大数据信息共享平台依托于三大支撑，即技术、管理和服务。技术主要包含计算机、网络技术等，管理包含资源整合，服务包含数据主客体服务。三大支撑为实现数据共享打造了技术平台。数据共享不仅能够减少浪费，而且改变了教育的管理模式，使高校教育管理者可以运用从数据共享平台获取的信息，学习其他高校的成功经验，这打通了高校与高校之间的"管道"，尤其是在大学生社会主义核心价值观方面，高校教育管理者利用数据共享平台，及时了解校际实时情况，加强校际沟通，取长补短，查漏补缺，能够更好地作用于大学生社会主义核心价值观建设。

（三）大数据推动我国大学生社会主义核心价值观教育教学由统一向个性转化

随着各种智慧教学手段的不断涌现，大数据对高校教学的变革作用逐渐明显。利用大数据的追踪和分析技术，我们可以准确掌握大学生的学习状况，并将大学生对学习内容的掌握情况进行可视化分析，同时，我们也可以掌握教育者的基本情况，为确保社会主义核心价值观教育有效性以及正确方向建立保障。这在传统教育过程中是无法实现的。大数据将所有教育资源和设备纳入互联网之中，使教学实现个性化，其终极目标是增强教育有效性。

1. 适应性教学手段

适应性教学观是指根据受教育者个体心理及行为特征，教育者结合受教育者的个性化特征而形成的与受教育者认知能力、思维风格和学习习惯等个体内容相一致的教学手段。在适应性教学手段中，教学已经超越了仅仅传授知识，以及仅仅关注受教育者成绩的局限，转而通过分析受教育者先前的知识基础水平、认知能力、心理状态、学习习惯等方面的个体差异，来制定符合受教育者个体的教学内容、教学方式方法以及教学模型等。这一切都基于大数据信息系统的运用。

在应用适应性教学手段中，受教育者的不同认知水平决定了他们不同的学习风格，教育者只有根据不同的学习风格分别制定出不同的教育内容，并且针对不同的教育内容运用不同的教育手段，才能够增强教育的有效性。尤其是社会主义核心价值观教育，社会主义核心价值观本身内容抽象又复杂，因此，更应该根据受教育者的自身特质来安排教学，做到因人而异、因材施教。通过对受教育者数据进行挖掘和分析，我们不难发现，因认知的不同，受教育者主要呈现以下四种学习风格。第一，偏好感悟与直觉型受教育者。感悟型学习风格的受教育者喜欢事实和与生活相关的教育内容，而直觉型的受教育者喜欢创新，喜欢积极探索事物之间的相互关系。针对这两个学习风格迥异的受教育者，教育者要结合他们不同的风格来制定不同的教学内容并使用不同的教学手段。针对感悟型学习风格偏好者，教学手段和内容应更多地与实际生活相联系。而针对直觉型的受教育者，新颖的、具有探索性的教育手段则更适合他们。第二，偏好视觉与语言型受教育者。视觉型受教育者偏好图像记忆，比如图形、图画等都可以引发他们的兴趣。偏好语言型的受教育者习惯通过语言解释或者文字来激发学习兴趣。针对视觉型学习风格偏好者，在开展社会主义核心价值观教育时增加图像，是对此偏好型受教育者最好的教育方式。而针对语言型偏好的受教育者，详尽的解释以及相互交流和沟通可达到较好的效果。第三，偏好主动与反思型受教育者。主动型受教育者喜欢自己发现问题并解决问题，而反思型受教育者偏爱内省。针对这两种受教育者，教育者可以组建讨论组，让主动型的受教育者进行小组讨论，可以布置总结作业，让反思型受教育者撰写。第四，偏好全局与序列型受教育者。全局型受教育者喜欢通过总揽全局或者概览的方式进行学习，而序列型受教育者喜欢按部就班，根据逻辑步骤进行学习。针对全局型受教育者，教育者应提供整体的教学脉络，而针对序列型受教育者来讲，教育者应有序地描述教学的各个步骤。

大数据将受教育者进行了细化的分类，从而受教育者不再是作为一个整体展现在教育者面前，而是各有各的鲜明特色。对大学生社会主义核心价值观教育来讲，我们应以点对点的方式，精准地传输社会主义核心价值观。目前，适应性教学已经付诸实践，例如可汗学院（Kehan Academy），就是适应性教学的典型代表。

2. 对教育规律的认识

在大数据时代，教育将逐渐地告别小样本和个案研究的模式，转为利用大数据对受教育者状态进行全面精准分析的方式方法，通过将学习过程量化，教育者可以据此得出教育规律。利用大数据掌握教育规律，可以实现对教育者和受教育者的思想行为的跟踪与分析，有助于更了解教育参与者的实际状况。目前，海量的在线课程、翻转课堂等都为数据分析提供了条件。受教育者在使用在线课程或者参与与互联网相通的课堂教学时，自己的行为习惯亦被大数据技术捕获和追踪。当数据级到达了一定级别，教育规律便自然显现出来。只有掌握了教育规律，才能更好地对教育进行预判。

目前，可利用的教育规律分析工具众多，例如美国的数据商店（Data Shop）和 Data. gov。数据商店目前是"全球最大的学习数据分享社区"①。数据商店集存储和分析于一体，它给予全球科研人员一个数据共享平台，使科研人员能够利用它进行数据分析。数据商店中的数据种类繁多，包括智能教学、在线课程等。这为教育规律的分析提供了一个适当的接口。Data. gov 是美国教育部的数据门户，其中汇集海量数据，它为各种数据需求提供服务的同时也提供数据分析功能，帮助用户实现在线数据的可视化。

大数据时代的教学变革使大学生对社会主义核心价值观具有更好的学习体验，通过适应性教学手段以及教学规律的发掘，社会主义核心价值观能够精准地作用于大学生的全方面，通过利用大数据，教学将变得更加生动有趣。富含先进理念的教育新模式，注定将教育引领至人们所希望的方向上去。

（四）大数据推动我国大学生社会主义核心价值观教育评价由定性向定量转化

评价是指对一件事或人物进行判断、分析后所得的结论。大学生社会主义核心价值观教育的重心倾向于教育领域，故将其参考系设定为教育评

---

① 孙洪涛、郑勤华：《教育大数据的核心技术、应用现状与发展趋势》，《远程教育杂志》2016 年第 5 期。

价。教育评价是指"对教育活动满足社会与个体需要的程度作出判断的活动，是对教育活动现实的（已经取得的）或潜在的（还未取得，但有可能取得的）价值做出判断，以期达到教育价值增值的过程"①。教育评价的目的在于进一步促进教学与教育质量的提高，从而使教师的工作产生更大的价值。在传统教育过程中，教育评价存在计量公式，美国学者格朗兰德认为，该评价计量公式可以表述为：评价＝测量（量的记述）或非测量（质的记述）＋价值判断。也就是将评价分为事实判断和价值判断两种类型。事实判断是对事物的现状属性与规律的客观描述。它记述了学生掌握知识的现状。事实判断包含测量与统计，也可为客观评价。价值判断是在事实描述的基础上，根据评价者的需要和愿望对客观事物作出评价。它受评价者价值观念的制约，是一种客观性与主体性统一的活动，主体性中存在大量的随机变量，它与评价者本身对事物应该怎样的认识有关，反映了评价者的主体需要和愿望。因此，评价会因主体不同而不同。那么，根据主体需要的不同，评价可分为个体评价与社会评价。个体评价是个人从自身的需要、利益和情感出发，对教育价值进行的评价，可分为个体的自我评价和个体对他人或物的评价。社会评价"是指从一定社会的角度来考察和评定现象的社会价值，判明现象对社会的作用之善恶、美丑、功过及其程度"②。教育的社会评价是从国家与地区的需要出发对教育进行的评价。

由此可见，影响评价的因素诸多。在大学生社会主义核心价值观教育过程中，大学生作为主体对社会主义核心价值观的评价因掺杂自身的需要、利益、情感等因素而具有差异。目前，教师对于学生的社会主义核心价值观贯彻状况的评价仅限于考试和主观印象，别无他法。因此，在传统的教育模式中，如何正确判断评价的公正合理性与客观性成为社会主义核心价值观评价的难题。

大数据时代"使得学生有机会记录、展示各方面的情况，并借由数据依托，让学生对自己、教师对学生的了解更全面客观，强化了教育评价的诊断、引导、调整的功能，为学生的全面发展、终身成长提供了更为科学

---

① 陈玉琨：《教育评价学》，人民教育出版社，2003，第 7 页。
② 李德顺：《价值论》，中国人民大学出版社，1987，第 312~313 页。

的评价指针和引导方向"①。评价变革主要体现在以下几个方面。

1. 客观性评价：评价依据从主观经验判断到客观数据支持

在大数据时代，可利用丰富的现代化工具提高社会主义核心价值观教育评价体系的科学性。例如，利用成熟的网络追踪工具即可精准捕获学生在接触贯彻社会主义核心价值观时的行为，不仅可以记录主观的变量，比如学生在看到包含社会主义核心价值观内容的视频或者文档时所停留的时间长短，还可以记录越来越多的细节信息。这些信息为怎样将社会主义核心价值观渗透入大学生生活和思想提供依据。同时，利用追踪工具，高校教育工作者也可以及时调整并改善传授方式。类似于诊断系统的网络追踪工具可以将高校管理者、教师、学生在社会主义核心价值观教育各个阶段的状况表现以诊断报告形式实时呈现。例如，每个群体都将有一个可视化的学习情况落点分布图，落点分布图中的每一点均代表一个人，高校管理者、教师、学生中的任何一个人均在落点分布图中显示。分布图依据对社会主义核心价值观评价的等级不同而分为不同颜色。将根据不同颜色制定针对个人的教育方式。在这一系统里，无论是高校管理者还是教师或是学生，都将被作为诊断对象进行诊断。结果一目了然。另外，利用课堂反馈技术也可增加评价的客观性。"课堂反馈系统是利用数字化教学平台环境，让全体学生及时参与反馈的教学评价辅助系统。"② 如教师利用手机等辅助工具，让学生参与到学习中来，并及时得到学生的情况数据。反馈系统的应用使学生的反馈时间缩短，反馈量增多，克服了传统社会主义核心价值观教育模式基本无反馈或者反馈时间久的缺陷。

2. 伴随式评价：评价方式从总结性评价到过程性评价

社会主义核心价值观教育是一个漫长的渗透过程，所以关于社会主义核心价值观的评价不能够如期末考试试卷一样机械统一地在固定时间收集，而是需要长期的过程。伴随性评价是总结性评价与过程性评价的结合，重在积累教学过程中学生智能发展的生成性结果，是根据学生学习阶段性的反馈信息、学业表现等多种数据对学生的情况作出的判断。"采取目标与过

---

① 杨现民、田雪松：《互联网+教育：中国基础教育大数据》，电子工业出版社，2016，第148页。
② 杨现民、田雪松：《互联网+教育：中国基础教育大数据》，电子工业出版社，2016，第149页。

程并重的学习质量发展型评价观。"①

在大数据时代，多种数字设备以及科技手段的应用，可以收集大学生在各种终端的痕迹、表现与习惯等数据，并将其用数据可视化技术呈现在人们面前，使社会主义核心价值观教育的参与者全面了解教育动向，而伴随式评价的出现为社会主义核心价值观教育评价服务开拓了崭新的思路，我国已有部分高校开始在实践中尝试伴随性评价体系。建立一个全过程、多来源的长期伴随学生的系统，全程实时跟踪并采集社会主义核心价值观教育信息。此外，对教师的评价系统也可采用伴随式。教师在大学生社会主义核心价值观中扮演重要角色，而教师又具有强烈的个人属性，所以，对教师的教学内容、教学方式方法以及个人思想状况进行伴随式评价，不仅是对教师本身的尊重，也建立了对其教学进行改进的良好基础。

3. 综合性评价：评价内容从单一评价到综合评价

伴随式评价是对评价方式的改变，使本来注重结果的评价变革为注重过程的评价，从而实现高质量评价。而综合性评价则是对评价内容的改变，评价内容不再仅局限于成绩，还包括学习方式方法、学习兴趣、思维等。如今，大学生社会主义核心价值观教育评价内容丰富，按照传统的评价方式，我们很难全面地掌握信息，或者掌握的信息有失公允。而在大数据时代，学生的一切都将被网站、移动终端等系统记录在案，利用这些记录在案的数据对大学生进行精确分析，综合评价的优势就被凸显出来了。综合评价以多对一的评价模式取代传统一对多的评价模式，以多维视角描绘学生，提高了评价的全面性，避免了任何信息的遗漏。

4. 智能化评价：评价手段从人工评价到智能评价

大数据特点包含数量庞大、维度丰富。收集、处理、分析这些庞大的数据离不开智能化分析技术。因此，在大学生社会主义核心价值观教育评价中，我们应从传统的人工评价转至智能化分析评价，将评价结果可视化呈现。如在社会主义核心价值观教育环节，利用智能化评价系统对学生关于社会主义核心价值观的看法进行评价，可以将这些看法集结于网络中，通过数据挖掘分析出每个学生的参与进程、学习效果、疑问、错误看法等，并将这些分析结果以图表的形式展现出来。在评价过程中，学生可以清楚

---

① 高凌飚：《关于"过程性评价"的思考》，《课程·教材·教法》2004 年第 10 期。

地了解自己在社会主义核心价值观方面的缺失，从而针对不足进行查漏补缺。这也增加了评价结果的客观性和准确度。

在大数据时代，数据与信息过载将改变人类认知，人机结合的思维体系逐步成为现代人的思维模式。大数据可以洞察教师、学生等各个方面，将成为学校最重要的资产。基于大数据下的社会主义核心价值观教育，关于思维、管理、教学、评价的四大变革为推动大学生更好地实现社会主义核心价值观教育目标提供了崭新的机遇。

第二章 大数据时代我国大学生社会主义核心价值观教育的现状与困境解析

改革开放 40 多年来，大学生社会主义核心价值观教育随着党和国家的高度重视逐渐在思想政治理论教育以及社会建设中发挥着重要作用，处于重要位置。各地各部门在党中央的领导下逐步探索出适合大学生的社会主义核心价值观教育路径，在大数据时代，社会主义核心价值观教育也在新的环境中生机勃发，迎来一次又一次变革。因大学生社会主义核心价值观教育本身不是静止不变的，而是动态发展并且需要不断完善的过程，在发展中必然存在种种困难，传统的相关经验是否仍旧符合如今大数据时代对社会主义核心价值观教育的要求有待考量，所以，本章通过对社会主义核心价值观教育相关经验进行梳理，期望从中发现问题并由此探寻解决问题的路径指向。

一 我国大学生社会主义核心价值观教育经验方法

习近平总书记在哲学社会科学工作座谈会上指出："问题是创新的起点，也是创新的动力源。只有聆听时代的声音，回应时代的呼唤，认真研究解决重大而紧迫的问题，才能真正把握住历史脉络、找到发展规律，推动理论创新。"[1] 对传统社会主义核心价值观教育经验进行总结是当前社会主义核心价值观教育的有效出路，也是认清教育存在问题的最好方法。在大学生社会主义核心价值观教育中，教育者长期不懈地思考和努力，在教育实施中积累了大量的经验，为后继的研究和实践提供了坚实的基础。所以，在瞬息万变的充满巨大变革的大数据时代，对以往经验进行梳理总结是继往开来拓宽教育思路的有效路径。

---

[1] 《习近平在哲学社会科学工作座谈会上的讲话》，人民出版社，2016，第 14 页。

（一）理论教育法

理论教育是中国共产党的优良传统，也是用社会主义核心价值观武装大学生头脑的重要途径。当前，在大学生社会主义核心价值观教育中，理论教育主要集中于宣传、理论研讨和培训等方面，这些方面的理论教育虽然有效，但由于无法与现实社会的快速变化相契合，无法在传统教育中找准理论教育与大学生之间的结合点而存在缺陷。

1. 宣传教育

2013 年，中共中央办公厅印发的《关于培育和践行社会主义核心价值观的意见》中指出，在培育和践行社会主义核心价值观教育时要"坚持团结稳定鼓劲、正面宣传为主，牢牢把握正确舆论导向，把社会主义核心价值观贯穿到日常形势宣传、成就宣传、主题宣传、典型宣传、热点引导和舆论监督中，弘扬主旋律，传播正能量，不断巩固壮大积极健康向上的主流思想舆论"[①]。2015 年，中共中央办公厅、国务院办公厅印发《关于进一步加强和改进新形势下高校宣传思想工作的意见》中指出："意识形态工作是党和国家一项极端重要的工作，高校作为意识形态工作前沿阵地，肩负着学习研究宣传马克思主义，培育和弘扬社会主义核心价值观，为实现中华民族伟大复兴的中国梦提供人才保障和智力支持的重要任务。做好高校宣传思想工作，加强高校意识形态阵地建设，是一项战略工程、固本工程、铸魂工程，事关党对高校的领导，事关全面贯彻党的教育方针，事关中国特色社会主义事业后继有人，对于巩固马克思主义在意识形态领域的指导地位，巩固全党全国人民团结奋斗的共同思想基础，具有十分重要而深远的意义。"[②]

宣传思想文化工作历来是中国共产党工作的重要组成部分。我们党从诞生那天起就将其放置于十分突出的地位。长久以来，党正是通过宣传思想文化工作向各族人民广泛传播马克思主义和党在各个时期的历史路线、方针和政策，唤起千百万群众团结在党的周围，从而保证了中国革命和建

---

① 《〈关于培育和践行社会主义核心价值观的意见〉印发》，中国政府网，https：//www.gov. cn/jrzg/2013-12/23/content_2553019. htm。

② 《中共中央办公厅、国务院办公厅印发〈关于进一步加强和改进新形势下高校宣传思想工作的意见〉》，中国政府网，https：//www.gov.cn/xinwen/2015-01/19/content_2806397. htm。

设事业不断从胜利走向胜利。在长期的宣传思想文化工作中，党积累了丰富的宣传经验，这些经验可以为今天社会主义核心价值观教育提供借鉴和参考。例如，宣传思想文化工作在政治上要与党中央保持一致，也就是在宣传中要坚持政治性；坚持马克思主义理论与实际相结合，做到宣传工作"有的放矢"；坚持正面教育与自我教育、灌输与疏导相结合；坚持实事求是；坚持从实际出发，贴近群众；坚持言行一致、以身作则、言传身教；等等。这些都为社会主义核心价值观教育提供了宝贵的经验财富。此外，在中国民主革命的斗争中也涌现了一批宣传家，他们为党的宣传事业作出了卓越的功勋，例如："作为早期最杰出的中国共产党人，在引导进步青年投身无产阶级革命的实践工作中，恽代英始终致力于构建马克思主义的政治传播途径。1914 年恽代英在私立武昌中华大学创办了他第一份杂志《道枢》，初次展现了其办报办刊的才能与禀赋；1917 年恽代英担任中华大学校长陈时创办的《光华学报》的主编，对该报进行了多项具有开创意义的改良举措，一时间使得《光华学报》的影响力得到了积极的提升，在广大进步青年中好评如潮；面对当时国内政局的动荡和北洋军阀政府的卖国求荣，恽代英在 1917 年和同学黄负生、梁邵文共同创办了先进青年组织'互助社'，积极宣传爱国主义思想，提倡支持国货，散发进步传单，'互助社'是当时华中地区第一个青年进步组织。"[①] 有人认为，中国革命的胜利与党的宣传思想文化工作分不开，其为中国社会主义的建设和发展作出了卓越的贡献。在大学生社会主义核心价值观教育中，宣传教育同党的宣传思想文化工作一样，历来作为教育工作的重中之重而被高度重视。宣传教育就是要解决大学生对社会主义核心价值观的认识问题、态度问题、感情问题及其培育和践行社会主义核心价值观教育的积极主动性问题。这些问题解决好了，就能够为大学生社会主义核心价值观教育其他工作的展开奠定牢固的思想基础。中国共产党的工作一贯遵循"思想先行"的原则，即解决思想问题的宣传思想文化工作要先行。因此，社会与高校在培育和践行社会主义核心价值观中也做了大量的宣传教育工作，力求为大学生社会主义核心价值观的树立营造良好的舆论环境。2014 年，中宣部等部门发出通知开展社会主义核心价值观主题文艺活动，提出要坚持思想性、艺术性、观

---

① 秦在东、肖薇薇：《恽代英政治传播思想及其当代价值初探》，《理论月刊》2016 年第 1 期。

赏性相统一，注重以文化人、以文育人，突出寓教于乐、寓理于情，弘扬主旋律、凝聚正能量，陶冶道德情操，引领时代风尚，推动社会进步，巩固全党全国人民团结奋斗的共同思想基础。2015 年，中央宣传部、中央文明办印发《培育和践行社会主义核心价值观行动方案》，该方案指出，在培育和践行社会主义核心价值观方面，"要广泛进行宣传教育，广泛进行探索实践，在贯穿结合融入上下功夫，在落细落小落实上下功夫，在坚持不懈、久久为功上下功夫，努力实现社会主义核心价值观学习教育实践具体化系统化"①。思想是行动的先导，理论是实践的指南。习近平总书记多次指出，一个国家的发展需要多股力量推动，"核心价值观是其中最持久最深沉的力量"②。习近平总书记的一系列重要论述，为培育和践行社会主义核心价值观提供了科学行动指南。在习近平新时代中国特色社会主义思想的科学指引下，我国社会主义核心价值观建设深入推进，取得显著成效。以习近平同志为核心的党中央采取一系列重大举措，着力培育和践行社会主义核心价值观。充分发挥政策导向作用，先后制定出台《关于培育和践行社会主义核心价值观的意见》《关于进一步把社会主义核心价值观融入法治建设的指导意见》等一系列指导性政策文件；把社会主义核心价值观贯穿到日常形势宣传、成就宣传、主题宣传、典型宣传、热点引导和舆论监督中，贯穿到人民群众喜闻乐见的文化活动和文艺作品中，积极推进社会主义核心价值观网上宣传推广；坚持用社会主义核心价值观铸魂育人，推动社会主义核心价值观进教材、进课堂、进头脑，努力培养担当民族复兴大任的时代新人；推动社会主义核心价值观融入各种精神文明创建活动，努力从中华优秀传统文化中汲取丰富营养，更好地涵养当代中国人的精神世界；把弘扬社会主义核心价值观与人们日常生活紧密联系起来，在落细落小落实上下功夫，努力使社会主义核心价值观转化为人们的情感认同和行为习惯；持续强化制度保障，完善市民公约、乡规民约、学生守则等行为准则，把社会主义核心价值观融入法治建设，推动培育和践行社会主义核心价值观常态化开展、长效化推进。由此可见，在政策上党中央一致要求坚持以宣

---

① 《中宣部就印发〈培育和践行社会主义核心价值观行动方案〉答问》，中国政府网，https: //www. gov. cn/xinwen/2015-04/17/content_2848197. htm。

② 《习近平谈治国理政》，外文出版社，2014，第 180 页。

传手段培育和践行社会主义核心价值观。当前，我国对大学生进行社会主义核心价值观宣传教育所采取的主要有以下方法。

（1）以课堂讲授为主的宣传方式。课堂讲授是社会主义核心价值观宣传教育的主要方法。社会主义核心价值观贯穿于高校思想政治理论课全过程和全部内容，为了增强课程效果，我国在社会主义核心价值观培育方面编纂专门的教材以供使用，并在多个中央文件中要求对教育方法和教育手段进行相应的改革。与此同时，2004年1月，中共中央印发《关于进一步繁荣发展哲学社会科学的意见》，该意见提出要实施马克思主义理论研究和建设工程。要求出版一大批优秀的马克思主义理论相关教材和著作，遴选多数专家学者，设立马克思主义理论一级学科，建立硕士点、博士点，扩充马克思主义学科建设者和接班人队伍，培养大量的宣传教育人才。高校的思想政治理论课是大学生社会主义核心价值观教育的主渠道，它承担着引导和保障大学生培育和践行社会主义核心价值观的重任。为推动高校做好大学生社会主义核心价值观教育工作，国家下发各类文件，以顶层设计推动高校教育实施。例如2005年，中共中央宣传部与教育部联合印发《中共中央、国务院关于进一步加强和改进大学生思想政治教育的意见》，对加强和改进大学生思想政治教的指导思想、基本原则、主要任务、有效途径等作了规定。高校要充分认识新形势对思想政治理论课的要求，在指导思想上始终坚定不移地以马克思列宁主义、毛泽东思想、邓小平理论、"三个代表"重要思想、科学发展观和习近平新时代中国特色社会主义思想为指导；在学科建设方面要推进高校思想政治课的学科建设和课程设置；在教材、教育方式方法、教师队伍建设方面高校应顺应时代潮流，加强专业素质培养；在高校管理方面，要有专门的领导负责高校思想政治理论建设。课堂讲授是传播真理、塑造灵魂的神圣殿堂，是社会主义核心价值观的重要阵地。坚持用社会主义核心价值观引领课堂讲坛，事关立德树人根本任务，意义与责任重大。高校思想政治理论课是对学生开展核心价值观教育的主渠道，是帮助学生树立正确人生观、世界观、价值观的主要阵地。大学生社会主义核心价值观教育开展以来，教育系统按照充分体现社会主义核心价值观内涵和要求的原则，全面加强思想政治理论课的课程建设、教材建设和教师队伍建设。

例如，将社会主义核心价值观与形势政策教学相结合。形势政策教育是宣传弘扬社会主义核心价值观的重要途径，经过十几年的建设，各个高校的大学生形势政策报告会制度已经建立。在开展形势政策报告过程中，教育系统把培育和践行社会主义核心价值观作为高校思想政治宣传工作的根本任务，编写社会主义核心价值观宣讲提纲，邀请地方党政负责人为大学生作形势报告，紧密结合社会主义核心价值观培育和践行的具体问题，制订教育教学计划并认真实施，坚持以文化人、以理服人，引导学生勤学、修德、明辨、笃实，把社会主义核心价值观内化于心、外化于行。例如，北京师范大学辅导员团队依托形势与政策课程，以全校公共必修课的形式，面向全体本科生开展价值观教育。几年下来，授课辅导员团队吸纳了价值澄清、隐性教育等教育方法，与时俱进、精益求精地更新教学内容，创造和实践了团体教学法、时事解析法、团体活动课等教学方法，坚持集体备课制度、观摩听课制度、课堂问卷制度、考试反馈制度，紧密结合国内外时事政治热点开展专题授课，从价值观探索、经济发展、社会民生、文化教育、国际时政五大视角阐释社会主义核心价值观，让价值观教育走入学生心田，赢得学生喜爱。

高校哲学社会科学课程担负高校社会主义核心价值观教育宣传的重要职责。正确而科学的哲学社会科学教育教学，对帮助大学生树立和坚定正确的政治方向，正确认识和分析复杂的社会现象，提高思想修养和精神境界，提高理论鉴别力和思维洞察力，具有十分重要的作用。教育系统结合马克思主义理论研究和建设工程实施，丰富社会主义核心价值观教育内容，精心编写相关教材，在哲学社会科学教学中充分体现社会主义核心价值观，发挥哲学社会科学优势，做好释疑解惑和教育引导工作。例如，吉林大学开设了"思想、理论、人生100讲"系列专题讲座。该讲座以"聆听名师之哲思，共享思想之盛宴，品飨理论之精华，启迪人生之理性"为宗旨，先后开设几十余次，与思想政治理论课一起构成覆盖吉林大学全校大学生的完整的思想政治理论课教育体系。

此外，高校其他专业课程都具有育人功能，所以要求所有教师均要担负起育人责任。社会主义核心价值观教育是一个整体，不能够因为专业不同、学科不同而将其割裂，要深入发掘各类课程教育资源，把社会主义核心价值观教育融入大学生专业学习的各个环节，渗透到教学科研的各个方面，使学生在学习课堂知识过程中自觉加强思想道德修养，使社会主义核心价值观无死角地浸润学生心田并转化为日常行为。

（2）以媒体传播为主的宣传方式。随着网络信息技术的快速发展，基于互联网的其他技术和手段也不断地出现，在大学生生活范围之内，越来越多的新生载体成为大学生交流与使用的工具。马克思认为"生产力中也包括科学"①，新媒体和大数据是人类社会生产活动的产物，随着人类社会和经济需要而产生，同时也对社会生产起着巨大作用。随着信息技术的发展，新媒体和大数据给大学生社会主义核心价值观教育带来广泛而深刻的影响。它们作为推进现代教育的重要技术工具逐步在教育领域被广泛使用，新媒体和大数据的出现，不仅仅使教育手段迎来变革，更多的是将教育从传统之中抽离出来，使其走向现代并科学地面向未来。

新媒体给大学生社会主义核心价值观教育带来了以下影响。首先，新媒体丰富了社会主义核心价值观教育的内容和手段。但其具有的隐蔽性和碎片化特点容易使西方价值观借助新媒体渗透到大学生的日常生活中，不易于统一管理，这样就使信息的真实可靠性受到质疑。此外，网络媒介作为信息资讯量巨大的存储器，可以使人们方便快捷地在网络中获取信息资讯，但也正是网络的方便快捷，导致人们对于一个问题或者一件事情没有持久的关注度，使人们的思想在网络社会无法持久聚焦。其次，新媒体的广泛性、时效性和多主体性特点使大学生社会主义核心价值观教育的效率提高、力度加大、范围拓宽，但也同时使社会主义核心价值观教育不再局限于学校场域。这样就使教育环境呈现复杂化样态，社会中的任何个人都可以借助于新媒体发表对社会主义核心价值观的意见和理解，这样一来，极易使大学生价值观受到社会各种舆论的干扰。在新媒体视域下，网络舆论很难控制和把握，它呈分散状，潜藏巨大风险。正如诺依曼所说："舆论是社会的皮肤，舆论如果经常处于无序的混沌状态，社会就会失去中心和方向，信息就会出现混乱局面，如果舆论过于分散，将不利于社会的整合，舆论的极度混乱甚至可能带来社会崩溃。"② 可见，新媒体中的舆论给大学生社会主义核心价值观带来巨大隐患，对舆论进行监管目前来看还存在难度。最后，新媒体的融合与互动性特点推动了大学生社会主义核心价值观

---

① 《马克思恩格斯全集》第46卷下册，人民出版社，1980，第211页。
② 董天策：《网络新闻传播学》，福建人民出版社，2000，第229～230页。

教育手段的创新。具体而言，以手机、互联网为标志的新媒体逐渐走向个性化与交互性的传播形式，新媒体所带来的体验是传统媒体或者传统教育手段所无法实现的。比如在教育中以图文并茂的方式提高大学生对社会主义核心价值观的接受理解度，或者将 VR 技术引入教学使教育内容立体化呈现。这些都增强了教育的吸引力和感染力，为实现良好教育效果给予了保障。但新媒体的运用也使教育陷入被动。更新速度极快的新媒体技术往往使教育内容与技术之间产生时间差，教育跟不上技术的变化容易使教育陷入被动。

对此，《关于进一步加强和改进新形势下高校宣传思想工作的意见》指出："要创新网络思想政治教育，开展高校校园网络文化建设专项试点工作，大力推进校报校刊数字化建设，探索建立优秀网络文章在科研成果统计、职务职称评聘方面的认定机制，着力培育一批导向正确、影响力广的网络名师，立足校园网站建设开办一批贴近师生学习生活的网络名站名栏，建设一支由学生和青年教师骨干组成的网络宣传员队伍，打造示范性思想理论教育资源网站、学生主题教育网站和网络互动社区，推进辅导员博客、思想政治理论课教师博客、校务微博、校园微信公众号等网络新媒体建设。"① 此外，各高校可在校园公共场所等张贴宣传标语，助力宣传教育。这些文件和指示构成了宣传教育的体系，为大学生社会主义核心价值观教育奠定了坚实的基础。当前，网络作为社会主义核心价值观教育的重要载体，与社会主义核心价值观教育其他方式相结合，打破了传统教育的时空局限，为大学生提供了新的平台，拓展了新的空间，有力地推动了大学生社会主义核心价值观教育工作方式创新和育人环境建设，对促进大学生全面发展发挥着不可替代的重要作用。网络思想政治工作体系逐步建成，目前已经建立面向全国大学生的中国大学生在线、面向地方高校区域性的思想政治教育网站以及面向每个学生的在社会主义核心价值观以及思想政治教育方面的微信公众号、微博等，自上而下地建立了立体的网络教育系统。网络文化建设人才培养模式不断创新。高校普遍建立了由教师指导的大学生网络文化工作室等，发挥学生作为网络文化创造者、共享者的主动性，

---

① 《关于进一步加强和改进新形势下高校宣传思想工作的意见》，中国政府网，https：//www.gov.cn/xinwen/2015-01/19/content_2806397.htm。

充分发挥网络文化育人功能。例如，中国人民大学推出的"别笑我是思修课"的思修课微博、微信公众号，将深奥理论融入新技术，用大学生的语言将其表述出来，收到了意想不到的效果。河南科技大学推进校园媒体深度融合，用师生乐于接受的"网言网语"传播好声音、唱响主旋律。学校官方微博月均阅读量500余万次、官方微信月均阅读量10万次以上，其中，官方微博多次荣获全省"十佳高校新媒体平台""河南省最具影响力高校官微"的称号；"那些为我们打下江山的人"获新媒体原创作品大赛一等奖；2017年该学校入选全省首批"网络文化建设试点学校"。可见，网络教育为教育者提供了一种新的大学生社会主义核心价值观的思路与方式。

（3）以校园文化建设为主的宣传方式。习近平总书记在阐述核心价值观与文化之间的关系时强调，"核心价值观是文化软实力的灵魂"，"一个国家的文化软实力，从根本上说，取决于其核心价值观的生命力、凝聚力、感召力"①。文化是涵育学生心智、塑造学生思想的有效载体；学校是国家的思想文化高地，是开展社会主义核心价值观教育的重要阵地；校园文化是教育引导学生健康成长的重要载体。在大学生社会主义核心价值观教育中，要充分发挥校园文化传递积极人生追求和健康生活理念的重要作用。一是创新社会主义核心价值观教育的方法和途径，通过讲校史、唱校歌等文化活动，挖掘与社会主义核心价值观相契合的精神元素；二是着力培育与学校自身特点相吻合的学校制度文化，建设民主校园、法治校园和和谐校园；三是善于运用各种校园文化形式表现社会主义核心价值观的内涵和精神实质，充分发挥学校艺术团及其他学生社团的积极性，用艺术手段让师生在美中受到教育。近年来，各地高校高度重视校园文化建设，充分利用道路、广场、楼宇等各类公共场所，制作、悬挂、张贴一批反映社会主义核心价值观"24字"内容的宣传板报、提示牌、灯箱等。在学校食堂、学生宿舍的门厅、公共过道，张挂反映节约用水、爱惜粮食等传统美德的宣传标语、宣传画、公益广告等；在校园宣传橱窗设置社会主义核心价值观专栏，利用电子显示屏、滚动宣传栏等持续固定播出宣传标语。坚持把社会主义核心价值观融入校园文化建设全过程，以高尚的文化引导人。不少高校构建以"文化名人进校园""高雅艺术进校园"等为主要内容的高品

---

① 《习近平谈治国理政》，外文出版社，2014，第163页。

位文化活动平台，为师生营造充满艺术氛围的社会主义核心价值观教育环境。此外，不少高校组织开展关于社会主义核心价值观的主题征文、演讲、辩论、歌咏等活动，意在通过生动活泼的形式使社会主义核心价值观教育潜移默化地进入大学生日常生活。

2. 理论培训和研讨

理论培训是通过开办培训班指导大学生学习理论的一种教育方法。具体做法是指导大学生围绕某一专题进行理论学习和讨论、交流，以达到提高和统一思想认识的目的。理论研讨是采用研究探讨的方式进行理论学习和理论教育的方法。具体做法是先由大学生围绕一定主题进行理论学习，结合实际展开研究并形成研究成果，再集中开会研讨。近年来，在大学生社会主义核心价值观教育中开展理论培训和研讨的高校越来越多，以社会主义核心价值观的相关内容为主题进行征文办会的活动每年都会在诸多高校举办。这不仅为大学生校际交流提供了平台，而且激发了大学生对相关知识的关注和探索，为他们掌握社会主义核心价值观提供了渠道。

（二）隐性教育法

隐性教育是指教育者隐藏教育目的和主题，按照预定的教育计划和方案，将教育内容渗透到环境、文化、娱乐、服务等日常工作、学习和生活中，使教育对象在不知不觉中受到熏陶。前述理论教育实践中的部分内容也包含隐性教育，为将隐性教育阐述更加透彻，在此作整体阐述。隐性教育将教育内容与要求渗透到大学生日常生活和社会生活的方方面面，使教育形式更加完善和生动，隐性教育途径多样，能够提高社会主义核心价值观教育的覆盖面和影响力，是社会主义核心价值观教育的常用手段之一。目前，在大学生社会主义核心价值观教育中，隐性教育能够助推社会主义核心价值观教育，但是在传统教育中，由于隐性教育无法精准地投向大学生的现实需要，在进行隐性教育的贯彻落实时，常常会陷入资源浪费、教育面广但教育效果不好的困境。

1. 置于宏观环境下的隐性教育

宏观环境包括社会经济发展、生态环境、制度等方面。将社会主义核心价值观置于宏观环境下开展能够间接地对大学生的思想和行为予以影响和引导。当前的基本做法有几种。一是将社会主义核心价值观与物质环境建设相结合，形成环境育人局面。如在生态治理方面打造青山绿水、文明乡镇和文明城市等，通过对物质环境的优化来提升大学生的幸福感。二是将社会主义核心价值观与社会制度建设相结合。在制度建设方面充分考量大学生的特性与社会主义核心价值观内容的广泛性，从顶层设计出发来对教育做出规划，确保教育方向。三是将社会主义核心价值观植入文化建设，构建良好的文化环境。在影视作品中形成舆论引导力，坚持以社会主义核心价值观引领舆论，防范错误价值观的侵蚀，传播社会主义核心价值观，将大众情绪引领向正确的方向。例如，《战狼 2》与《红海行动》这两部电影，有效地就将正能量与社会主义核心价值观融入电影之中。媒体在各自公众号以及社交平台进行电影推广，观影大众自身作为"自来水"为电影做免费宣传，使电影一时间形成"引爆点"，博得众多眼球，产生强大的舆论引领作用。用电影艺术的形式传播社会主义核心价值观，有助于化解官方舆论场与民间舆论场的对立，有助于使大众树立正确的舆论意识。所以，"将社会主义核心价值观融入舆论宣传之中，是化解现实风险和思想矛盾的必要选择"[①]。

2. 置于微观环境下的隐性教育

微观环境指人们生活的小环境，即以各种社会组织层面为主的环境因素，这种环境氛围会直接影响人的思想意识和行为选择。在实践中社会主义核心价值观主要开展于微观环境中，如在校园文化建设中植入社会主义核心价值观内容、在企业文化建设中加入社会主义核心价值观内容等。

（三）典型教育法

典型教育即示范教育法，是运用具有代表性的人或者物进行示范，帮助和启发大学生提高思想觉悟的教育方法。它通过活生生的人物和事件激发人们的情感，引发人们进行思考，与说教相比更富有生动性。典型教育分为正面典型教育和反面典型教育。在传统教育中，典型教育法所树立的榜样存在与大学生现实生活脱节的现象，榜样与大学生生活距离的远近影响榜样的引领和模范作用发挥的大小。

---

① 陈伟军：《社会主义核心价值观引领舆论导向》，《中国出版》2016 年第 7 期。

1. 正面典型教育

正面典型教育法又称为榜样示范法。榜样是时代精神的集中体现，它"通过具有典型、榜样意义的人或事（正面的、先进的抑或反面的、落后的人或事）的示范引导或警示警戒作用，教育人们提高思想认识、规范自身行为的方法"①。榜样示范法作为社会主义核心价值观教育的基本方法始终是教育的重要手段，因而被予以重用。它帮助社会主义核心价值观教育经历多个不同时期，对社会主义核心价值观教育的引领起到了重要作用。我国在榜样示范教育中有如下经验。

（1）以富有强烈时代特色的榜样人物为标杆。每一时期的思想要求都会随着时代的变化而变化，而榜样属于引领时代潮流的先锋和弄潮儿，本身就必须与时代的发展保持一致，走在时代进步的最前沿。出现在各个发展阶段的榜样都是符合当时时代发展需要的，也与当时的社会倡导相一致。但无论是出现在哪个社会发展阶段的榜样，都是极具强烈时代特色的，都是与之相适应的社会思想状况的标杆，对未来思想的发展起到长盛不衰的引领作用。例如，在新中国成立初期，我们以邱少云、黄继光为榜样，学习他们为国捐躯的英勇无畏精神。在社会主义现代化建设初期，我们以雷锋为榜样。直至今日，这些榜样人物及其精神仍然是思想政治学习中必不可少的重要内容。改革开放以来，我们党顺应社会发展潮流，优选出一个又一个榜样，孔繁森、焦裕禄等榜样的名字和先进事迹被写进教材，榜样先进事迹报告会在全国广泛开展，榜样的光辉感染全国人民。大学生在榜样的感染下端正自身行为，为社会主义助力。榜样必然要与国家发展对精神的追求相契合，当前，随着时代的变化又出现了例如黄大年等新时代的榜样，但无论怎样，榜样人物都带有强烈的时代色彩，并在引领社会思想中具有旗帜作用。

（2）以群众中的先进事迹人物为榜样。榜样的先进事迹只有贴合人民群众的现实生活才更有感染力和号召力。在当前的榜样树立过程中我们不难看到，平凡人将平凡的事做到极致也为大学生在日常生活中树立了榜样。2015年除夕，习近平总书记在春节团拜会上特意强调："要重视家庭建设，

---

① 陈万柏、张耀灿：《思想政治教育学原理》（第2版），高等教育出版社，2007，第226页。

注重家庭、注重家教、注重家风，紧密结合培育和弘扬社会主义核心价值观"①，家教家风成为推进社会主义核心价值观落地生根的重要抓手。在2016年1月1日实施的《中国共产党廉洁自律准则》中，"廉洁齐家，自觉带头树立良好家风"被上升为党员领导干部的基本要求。在中央文明委举办的全国文明家庭评选中，所选出的文明家庭都来自我国千千万万普通家庭。只要我们在工作和生活中能够认真贯彻落实社会主义核心价值观，弘扬中华民族优秀道德精神，就能使平凡变得伟大。正因为身边的平凡的榜样更容易让人产生共鸣，所以才能够得到人们的认同。

（3）宣传榜样的先进事迹。在大学生的社会主义核心价值观榜样教育中，宣传榜样的先进事迹是目前高校做的主要工作，也是最常见的一种宣传方式。高校通常会组织学生进行征文和朗诵比赛等对榜样的先进事迹进行宣传，组织开展先进事迹报告会和表彰大会对榜样予以表彰和肯定，通过对榜样进行奖励的形式鼓励大学生向榜样学习。此外，如今大数据时代下新媒体的快速发展也让榜样的先进事迹得以广泛且快速地传播，例如中共中央文明办联合多家媒体打造弘扬榜样力量、传播社会正能量的微博、微信公众号、小视频软件等，这些多媒体的介入使榜样的事迹传播更为便利，更易于让大学生认识到榜样的力量并接受榜样教育。

2. 反面典型教育

反面典型就是落后和反动的典型，包括反面典型人物和事例，是在人民群众中产生消极影响和对社会产生破坏作用的典型。利用反面教材和反面人物进行大学生社会主义核心价值观教育是必要的。它可以使大学生将自身与反面典型进行对比，从而时刻监督自身的行为和思想，增强辨别能力。从我们党长期的思想政治教育历史来看，注意利用反面教材和反面人物开展思想政治教育是我们党思想政治教育的一条基本经验。当前的反腐倡廉活动让大学生增强了对国家的信任度，也使政府的公信力得以加强，有利于社会主义核心价值观教育。但是在实践中要尽量使用正面案例，避免过多负面案例带来的消极情绪。因大学生还未具有完备的社会能力和坚定的信仰，所以当社会主义核心价值观教育涉及的负面例子较多、充满负能量时，大学生容易受到负能量感染而对社会主义核心价值观教育本身丧

---

① 习近平：《在2015年春节团拜会上的讲话》，《中国青年报》2015年2月17日。

失兴趣或者对所涉及的内容报以偏见。所以在教育中，要以积极的案例对大学生进行引导，通过正面教育使大学生充满正能量，从而使其拥有理论自信。

（四）实践教育法

"实践教育法又称实践锻炼法，是组织引导教育对象积极参加各种实践活动，提高其思想认识，培养优良品德和良好习惯的教育方法。"[1] 实践教育法在大学生社会主义核心价值观教育中具有积极重要的作用。它能为教育对象提供真实的社会活动情景，加深大学生对社会状况、社会关系和社会要求的认识和体验，也有利于使大学生形成良好的行为习惯和道德品质，做到知行统一。实践的过程就是大学生将所学内容用于实际指导自己的过程，只有实践，才能够将认识化为行为。坚持教育与生产劳动、社会实践相结合是党的教育方针的重要内容。大学生想要成长成才不仅要学好书本知识，更需要经受社会实践的磨砺。从 20 世纪 80 年代至今，社会实践作为高校广泛开展的一项教育活动，一直深受大学生欢迎与社会各界的支持。党中央高度重视大学生社会实践在人才培养过程中的重要作用。对此，习近平总书记多次通过回信的形式，表达了对投身祖国建设一线的青年的谆谆教诲、殷殷嘱托。例如，2013 年在给华中农业大学"本禹志愿服务队"的回信中，对"本禹志愿服务队"的青年志愿者坚持高扬理想、脚踏实地、甘于奉献的精神给予高度肯定；2014 年五四青年节，习近平总书记在同北京大学师生代表团的讲话中指出："道不可坐论，德不能空谈"[2]；2017 年习近平总书记在给第三届中国"互联网+"大学生创新创业大赛"青年红色筑梦之旅"的大学生回信中写道："在创新创业中增长智慧才干，在艰苦奋斗中锤炼意志品质，在亿万人民为实现中国梦而进行的伟大奋斗中实现人生价值"[3]；2020 年，习近平总书记给中国石油大学（北京）克拉玛依校区毕业生回信，信中写道："希望全国广大高校毕业生志存高远、脚踏实地，不畏艰难险阻，勇担时代使命，把个人的理想追求融入党和国家事业之中，

---

① 陈华洲主编《思想政治教育方法论》，华中师范大学出版社，2010，第 160 页。
② 习近平：《论党的青年工作》，中央文献出版社，2022 年，第 78 页。
③ 习近平：《论党的青年工作》，中央文献出版社，2022 年，第 55 页。

为党、为祖国、为人民多作贡献。"① 2022 年，习近平总书记给中国航天科技集团空间站建造青年团队的回信展现了对航天战线全体青年的深情瞩望，习近平总书记写道："希望广大航天青年弘扬'两弹一星'精神、载人航天精神，勇于创新突破，在逐梦太空的征途上发出青春的夺目光彩，为我国航天科技实现高水平自立自强再立新功。"② 2023 年在给安徽省潜山野寨中学新考取军校的 20 名同学的回信中，习近平总书记对他们予以亲切勉励："推进强军事业，需要一批又一批有志青年接续奋斗。希望你们铸牢忠诚品格，刻苦学习训练，锤炼过硬作风，努力成长为高素质专业化新型军事人才，为国防和军队现代化贡献力量。"③ 这些都充分体现了习近平总书记对实践育人的高度重视，体现了对大学生的亲切关怀和殷切希望。近年来，中央各部委和各地高校坚持系统设计、统筹规划、整体推进，实践育人工作取得了显著进展，实践育人成为大学生社会主义核心价值观教育的必由之路。从顶层设计看，中央各部门出台了一系列关于推进实践育人工作的政策和制度。例如，教育部出台《关于全面提高高等教育质量的若干意见》，把强化实践育人作为高校人才培养方式改革的重要内容。再如，《学生志愿服务管理暂行办法》为建立健全学生志愿服务体系、推进学生志愿服务规范化和制度化指明了前进方向、提供了理论基础。各高校遵照党中央总体要求，普遍把深化实践育人作为提高人才培养质量的重要举措和推进大学生社会主义核心价值观教育的重要路径。各高校开展多项实践育人活动，种类繁多、形式各异，积累了众多的经验和做法。例如，北京大学每年组织 300 余支大学生团队开展社会实践与志愿服务，不断丰富社会主义核心价值观教育载体，为学生提供坚实的实践平台。华南农业大学 10 年累计组织 10000 余名大学生志愿者担任春运临时列车乘务员，让大学生在实践中受到社会主义核心价值观教育。河南科技大学将培育和践行社会主义核心价值观融入服务地方经济社会改革发展中，认真做好地区科技服务、基层宣讲等工作，深入洛阳市九县九区开展"大学生宣讲团"活动；积极参加洛阳市牡丹文化节、河洛文化节、"三下乡"社会实践，推动全校志愿服

---

① 《习近平书信选集》第 1 卷，中央文献出版社，2022，第 286 页。
② 习近平：《论党的青年工作》，中央文献出版社，2022，第 94 页。
③ 《铸牢忠诚品格 刻苦学习训练 锤炼过硬作风 努力成长为高素质专业化新型军事人才》，《人民日报》2023 年 9 月 1 日。

务活动常态化。多年来，累计开展志愿服务 20 万余人次，学校多次获得"全国五四红旗团委""全国大中专学生志愿者暑期'三下乡'社会实践活动先进单位"等荣誉称号。我国在对大学生进行社会主义核心价值观教育的长期过程中，积累了大量的实践经验。实践教育法包括以下几种。

1. 参观考察

参观考察作为实践教育方式被广泛运用于大学生社会主义核心价值观教育过程中，目的是帮助大学生认识社会现实，培养其正确分析社会问题的能力。目前，在大学生社会主义核心价值观教育中的参观考察主要集中于参观名胜古迹、文化遗址、革命纪念馆等，教育者能够利用这些场所对大学生进行爱国主义教育、革命传统教育和理想信念教育。像高校开展的"红色之旅"一类的活动就是组织大学生到革命圣地、改革开放的前沿阵地和社会经济发展成就显著的地方进行参观考察，了解中国革命、建设和改革的历史成就。此外，因专业的不同，有些高校会组织学生到工厂、企业参观考察，将社会主义核心价值观与实际专业和未来就业相契合，增强大学生对社会主义核心价值观的理解，这也有助于使企业的企业文化更精准地体现社会主义核心价值观。例如华为公司每年都会接待大学生的参观考察，这不仅有利于满足大学生对世界 500 强企业的好奇，而且也有利于企业加强对大学生了解，形成相互受益的教育格局。

2. 劳动锻炼

劳动锻炼是指劳动教育，是让教育对象从事一定的生产劳动，在劳动中树立正确的社会主义核心价值观，培养热爱劳动的思想感情，养成良好的劳动习惯的教育方法。劳动锻炼的方式方法很多，在现实教育过程中，可以采用公益、实习、勤工助学和科学实验等方式对大学生进行劳动锻炼。劳动锻炼的目的是让大学生亲身体验和认识劳动的价值和意义，树立正确的劳动观念和职业道德，养成珍惜劳动成果和敬业的良好习惯。当前，高校社会主义核心价值观教育在劳动锻炼环节通常采取的方法是建立规范有效的勤工助学管理制度，鼓励大学生积极参加勤工助学活动。

3. 社会服务

社会服务是引导教育对象用所学的知识和技能服务人民、奉献社会，并使教育对象在这一过程中获得道德与责任体验的教育方法。社会服务活动是教育对象自愿参加的有组织、有目的的实践活动，是社会主义核心价值观实践教育的重要方式。当前高校组织开展的社会实践活动，例如组织大学生进行精准扶贫活动、社区服务活动以及长期开展的"学雷锋，做好事"活动等对引导大学生关注社会、关注民生，形成责任意识和为人民服务的道德观念有重要的促进作用。

"人的思维是否具有对象的真理性，这并不是一个理论的问题，而是一个实践的问题。人应该在实践中证明自己思维的真理性，即自己思维的现实性和力量，亦即自己思维的此岸性。关于离开实践的思维是否具有现实性的争论，是一个纯粹经院哲学的问题。"① "实践是检验真理的唯一标准"，通过实践活动大学生能够实现对理论的检验，在实践过程中懂得做人、做事的道理，明辨是非、善恶与美丑，从而能够反思自己的错误，规范自己的行为习惯，形成高尚品德，培育和践行社会主义核心价值观。大学生在参与社会主义核心价值观实践活动中感受、体验、认同和践行社会主义核心价值观的基本精神，能增强社会主义核心价值观教育的现场感、直观性和生动性。

二　大数据时代我国大学生社会主义核心价值观教育现实困境

当前，我国大学生社会主义核心价值观教育主要依循传统教育方法和经验，没有依照时代的变化使教育具备时代特征，存在与大数据时代相脱节的不足，这使大数据时代的大学生社会主义核心价值观教育在内涵、方式、教育者与教育对象以及教育环境方面陷入困境。

（一）大学生社会主义核心价值观教育内涵缺乏差异性

社会主义核心价值观内容具有三个基本层次，即国家、社会与个人。无论是在国家层面还是在社会层面，社会主义核心价值观始终代表国家与社会的主流价值取向，也代表国家与社会中的各个群体的核心价值。具体而言，国家与社会中的各个群体都有基于社会主义核心价值观的群体核心价值观。以社会中的各个群体为例，它们以社会主义核心价值观为基础构建了符合自己实际的核心价值观以方便实践。以企业为例，企业作为社会群体中的一类，在培育和践行社会主义核心价值观时会结合自身实际，构

---

① 《列宁选集》第 2 卷，人民出版社，1995，第 78 页。

建出既符合社会主义核心价值观要求，又与自身实际相结合的核心价值观内容，例如华为技术有限公司的核心价值观：以客户的价值观为导向，以客户满意度为评价标准；海尔集团的核心价值观：着眼创新，注重品质，尊重个人，一切以顾客为中心。高校多以校训作为核心价值观的基本遵循，例如清华大学的"自强不息，厚德载物"。塑造国家、社会与群体的核心价值观有利于凝聚力量，增强认可，也有利于汇聚形成有利于发展的合力，共同迈进理想目标。

自 20 世纪 90 年代我国对大学生进行价值观教育的意识逐渐觉醒开始，几十年来，有关大学生价值观的走向与特点的研究始终伴随大量学家学者，他们结合多种手段以多种形式开展有关大学生社会主义核心价值观教育的研究，综观研究成果，虽然硕果累累，但极少有学者能够将大学生核心价值观的内容予以精准提炼。多数成果只从培育方式方法着手，而对于大学生核心价值观具体内容的研究甚少，即便有学者提炼出大学生核心价值观内容，多数也太过于抽象，与大学生自身的认知与年龄特征不符，并不利于大学生接受与认可。学术领域甚至也存在是否应该凝练属于大学生群体的核心价值观内容的分歧。

然而相对于国家与社会其他群体的核心价值观来讲，大学生的核心价值观并没有十分明确地表达。究其原因，首先，从大学生对高校教授价值观的认同的角度来讲，高校开设课程众多，不同课程对大学生价值观形成的作用和影响不同，大学生对此的认同度不同，总的来说，大学生对自身价值观塑造呈现模糊状态，部分大学生认为高校开设的思想政治理论课不具有实质意义。这样的状况导致大学生普遍不乐于接受高校开展的价值观教育。其次，从高校教授有关价值观课程来讲。部分高校在教授价值观相关内容时敷衍了事、流于形式、空洞说教，并没有将价值观教育摆在重要位置，并没有切实主动地从要让大学生树立正确价值观的愿望出发开展教育。综上，有关大学生的核心价值观没有明确表达有以下几个原因。一是大学生自身具有复杂性，每个大学生都处于动态发展之中，想要用一条标准或者一种表达方式对大学生的核心价值观进行表达，存在难度；二是高校没有对大学生的核心价值观进行明确表达的意识，不重视大学生的核心价值观的精确表达的重要性与迫切性。

社会主义核心价值观内容中个人层面的爱国、敬业、诚信、友善为大学生的核心价值观的凝练提供了理论依据。然而，社会主义核心价值观个人层面的内容涉及的范围为社会成员全体，所蕴含的要求太过于宏观和抽象，因而它只能作为一个方向性的规定，为个人的思想和行为带来指引，而不能够作为细则具体规范大学生的言行举止。换言之，社会主义核心价值观个人层面的内容对于大学生群体来讲缺乏针对性，而大学生群体是即将脱离校园走向社会、思想与行为即将成熟但仍具有很大不确定的特殊群体。对于这一群体而言，精准地提炼适合于他们的核心价值观内容，具有重要指导意义。从大学生的实际出发凝练出的核心价值观更易于被大学生接受与践行，从而能够更好地指导大学生实践。正如上述所言，企业基于社会主义核心价值观而构建适合本企业自身的核心价值观，可以有效地调动企业员工的积极性并增强他们的企业归属感。大学生是实践国家理想信念和推动未来发展的生力军，应该为大学生量身定做适合于他们的核心价值观内容。只有适合，才能产生对它的需要，也才能激发大学生的积极主动性，使大学生真正地入脑、入心并自觉实践。

（二）大学生社会主义核心价值观教育方式缺乏实践性

马克思认为："从前的一切唯物主义（包括费尔巴哈的唯物主义）的主要缺点是：对对象、现实、感性，只是从客体的或者直观的形式去理解，而不是把它们当作感性的人的活动，当作实践去理解，不是从主体方面去理解。"[①] 教育从本质上来讲是一种感性的、有目的的影响人的现实活动，是一种以人身心健康发展为目标的社会实践活动。而社会主义核心价值观教育是实践活动，它把社会主义核心价值观内容内化于大学生内心，外化为大学生的自觉行动，它可增强大学生的个人分析能力与价值判断能力。但在传统教育过程中，教育者往往陷入这样的误区，即将社会主义核心价值观内容与具体实践相分离，大学生也陷入这样的误区，即接受社会主义核心价值观内容仅仅浮于表面，仅仅为了应付考试，而并没有将其运用于日常实践。教育与实践的脱节，正如毛泽东在《反对本本主义》中所言："不根据实际情况进行讨论和审察，一味盲目执行，这种单纯建立在'上级'观念上的形式主义的态度是很不对的。为什么党的政策路线总是不能

---

① 《马克思恩格斯选集》第 1 卷，人民出版社，1995，第 54 页。

深入群众，就是这种形式主义在那里作怪。盲目地表面上完全无异议地执行上级的指示，这不是真正在执行上级的指示，这是反对上级指示或者对上级指示怠工的最妙方法。"① 同样地，教育如果陷入"本本主义"也将无法得到具体效果。有的高校存在对社会主义核心价值观载体——思想政治理论课重视不足的情况，在课堂教学中理论灌输多于实践。部分教师对实践存在理解偏差，有人认为课堂应以理论传授为主，实践应在课后进行或者由大学生自己完成，有人将实践教学重点放在对成绩的追求而忽视实践效果，也有部分教师因自身知识素养不足不能够很好地引领学生实践。部分高校在管理制度、规则制定、教育教学等方面也缺乏实践意识。多方因素导致传统的社会主义核心价值观教育存在困境。

大学生社会主义核心价值观实践教学是引导大学生树立正确"三观"和高尚道德情操的重要手段，也是保证大学生认同社会主义核心价值观的主要渠道。实践教学不应作为思想政治理论课的辅助形式出现，正如毛泽东所说："真理只有一个，而究竟谁发现了真理，不依靠主观的夸张，而依靠客观的实践。只有千百万人民的革命实践，才是检验真理的尺度。"② 实践教学是教学过程中的关键一环，课程内容与实践相结合不仅可以规避一直以来被广为诟病的教学单一的缺陷，而且可以提高教育内容的说服力，让学生对教育内容有一个切身感受，经过实践所检验的教学内容，更易于被学生所接受。实践教学有丰富的形式，包括社会实践教育、主题教育、参观访问、基层调研、实地考察等。在具体的实践教学环节，可根据课堂教学内容安排实践教学方式和手段，例如在中国近现代史纲要课程教学中，可安排学生参观博物馆、纪念馆等地，加深学生对课堂知识的认识；在形势与政策课程中，可配合课程内容组织学生观看体现现代国家发展成果的影片，让学生了解国家现代化发展进程，增强民族自豪感和对国家安定的渴望。实践教学将学生置于真实情境中，可激发他们的自觉思考，不仅如此，实践教学也可调动学生全方位的发展，例如在意识方面、情感方面、个人的自信与自尊心的建立方面、独立精神方面，都可借助于实践教学手段使其实现长足发展。

---

① 《毛泽东选集》第 1 卷，人民出版社，1991，第 111 页。
② 《毛泽东选集》第 2 卷，人民出版社，1991，第 663 页。

所以，摆脱大学生社会主义核心价值观教育教学现实困境最行之有效的手段即将教育与实践充分结合，将教育内容放置于实践中，接受实践的洗涤。

（三）大学生社会主义核心价值观教育者缺乏职业性

大学生社会主义核心价值观教育的职业化工作群体是指依据社会职业分类规则和执政党参与社会主义国家管理原则，专门从事思想政治教育的工作者。目前，我国高校的思想政治理论课教师队伍主要由思想政治理论课专业教师和辅导员构成，而思想政治理论课教育者应当是专门从事社会主义核心价值观教育工作的、具有正式建制的组织或团队，他们的工作职能与社会主义核心价值观教育效果和效率密切联系在一起。在高校思想政治理论课教学中，两大群体都存在职业素养不足、人手不够、没有跟上时代发展的趋势的问题，这严重影响教育队伍的职业性。从目前思想政治教育工作实践看，职业思想政治教育工作存在体制老化、方式落后、教育内容不具备专业性的不良局面，这严重影响了社会主义核心价值观教育效能和威力。

在思想政治理论课专业教师方面，"高校教师是培养人才的人才，是科学知识的创造者、先进文化的传播者、人类文明的传承者"[1]。作为大学生社会主义核心价值观教育的主要承担者，高校思想政治理论课专业教师的职业素养与《关于培育和践行社会主义核心价值观的意见》中"建设师德高尚、业务精湛的高素质教师队伍"[2] 的要求还存在相当大的差距。目前，各高校思想政治理论课专业教师在数量上虽已达要求，但整体素质、专业度有待提升。此外，专业教师承担着主要教学任务，大量的公共课安排以及长时间备课导致其无法空出时间提高自身素养。长此以往，很多教师产生职业倦怠现象，教学流于形式和应付，并不会投入更多的精力去钻研教育内容和实践教育手段的创新，最终导致教育内容书面化，甚至部分教师本身并不能很好地理解社会主义核心价值观教育内容的实质含义和教育要

---

[1] 顾明远、石中英：《国家中长期教育改革和发展规划纲要（2010—2020年）解读》，北京师范大学出版社，2010，第389页。

[2] 《〈关于培育和践行社会主义核心价值观的意见〉印发》，中国政府网，https：//www.gov.cn/jrzg/2013-12-23/content_ 2553019.htm。

求，这不利于良好教育效果的实现。教师职业素养不够一部分源于教师数量不足，另外一部分还源于教师本身的努力意识不够。部分教师在教育过程中并不能够秉持教书育人的理念，而是应付了事，对于上级要求的诸如创新教育手段等置若罔闻。对教师这一神圣身份的理解不到位使部分教师并不具备专业素养，缺乏职业性，这也会直接导致较差的教育效果。

在辅导员队伍方面，辅导员队伍是大学生思想政治教育工作的骨干力量和主力军，是大学生健康成长的指导者和引路人。这支队伍的整体素质，很大程度上决定着大学生思想政治教育的效果和学生培养的质量。为此，国家一直要求要建设高水平的辅导员队伍，在国家的重视与高校的积极配合下，经过多年的建设，各个高校逐渐形成并完善了以专为主、专兼结合的辅导员队伍体系。国家自 2012 年起每年举办"全国高校辅导员职业能力大赛"，为增强辅导员的职业素养和工作能力添砖加瓦。但辅导员的队伍建设也存在众多困境。在高校重视方面，个别高校在辅导员队伍建设以及辅导员培养等方面明显存在重视不够的现象。在职业化发展方面亦存在矛盾，一是辅导员定位边缘化与职业化上升发展的矛盾。《辅导员职业能力标准》对辅导员的职业定位和岗位职责要求明确，但在实际工作中存在理论与现实"两张皮"的现象，如工作领域泛化、工作任务琐碎等。二是辅导员职责清晰与标准化资质模糊的矛盾。"《普通高等学校辅导员管理规定》对辅导员九大职责进行了清晰界定，《辅导员职业能力标准》明确了不同职级辅导员的职业能力标准，但在辅导员选拔招聘时没有设置职业准入标准，与九大职责不相关的专业也可以应聘辅导员岗位；职业资格认证机制还不完善，实际工作中没有按辅导员初级、中级、高级职业等级来安排工作内容和提出能力要求；不同职级、职称辅导员的福利待遇不一样，但所承担的工作内容和工作职责却是一样的，导致部分辅导员缺乏工作积极性，对职业失去热爱。"① 在辅导员自身培养方面，一方面，辅导员因其职业特殊性，需要具备思想政治理论教育能力，但辅导员并不都是思想政治教育专业出身，所以对于理论知识的掌握和运用存在很多不足；另一方面，辅导员的职业特殊性要求其应该具备熟练运用多学科知识的能力，例如心理学、教

---

① 路成浩：《新时代高校辅导员队伍建设高质量发展困境与突破》，《学校党建与思想教育》2023 年第 17 期。

育学等内容，都应该作为辅导员知识构成的一部分，但从目前来看，这一方面存在欠缺。此外，部分辅导员对职业抱以功利心，把辅导员工作当成谋取其他职位的跳板。这都不利于社会主义核心价值观在大学生中传播，不利于教育目标的实现。

（四）大学生社会主义核心价值观教育对象缺乏主动性

大学生在社会主义核心价值观教育中居于核心地位。因此，其整体是否积极主动地培育和践行社会主义核心价值观是影响社会主义核心价值观教育能否达成良好效果和得到贯彻的关键。如今，面对时代的巨大变革，大学生价值观受各种思想与文化的冲击，若不及时并行之有效地对其进行价值观指导，就很难保证大学生能持有正确的价值判断与选择。影响大学生主动性的因素主要包括理想信念、社会公德、思想品德等。从目前来看，大学生在积极主动性方面还存在诸多问题，这也给社会主义核心价值观教育带来现实困境。

1. 马克思主义理想信念迷茫

大学生受社会阅历、年龄所限，在价值观选择和判断方面有所欠缺，在网络的不良影响下，大学生的马克思主义理想信念存在缺失，究其原因主要有以下三个方面。

（1）对马克思主义信仰的迷茫。大学生在总体上坚持党的领导，对党的政策方针高度认可和服从，也充分肯定国家改革开放以来所取得的成果，具有强烈的爱国情怀，并乐于积极投身于国家现代化建设。面对大是大非，大学生能够与国家站在一起。但是，理想信念对于很多大学生来讲过于抽象，面对怎么树立理想信念、树立什么样的理想信念，什么是马克思主义信仰，社会主义核心价值观具体代表什么、内涵是什么等问题，部分大学生存在迷茫。大学生解决这些困惑的基本渠道是课堂教育，但是部分教师在课堂中并不能够给予学生满意的答案，甚至个别教师的教学方式过于死板僵化，导致学生产生逆反心理，不仅不想去解决问题，甚至连基本内容也不想掌握，这样直接削弱了马克思主义理想信念的权威性，使部分大学生产生马克思主义理想信念的困惑和迷茫。

（2）社会的发展呈现多元格局，此格局下的价值观也呈现多元与多变的特征。大学生本身正处于对新鲜事物充满好奇和勇于尝试的年纪，他们不喜欢受到束缚，但又缺乏自律意识，面对社会负面现象，立场容易摇摆，是非观还不够清晰。综观各类问卷调查结果，我们不难看出，社会飞速发展使社会价值观呈现一元主导、多元并存格局，对大学生理想信念的树立和坚定产生了深刻影响。物质的丰富与信息的爆炸式增长，使大学生无法将注意力集中于某件事中，长期的无法聚焦导致大学生内心浮躁。事物具有两面性，信仰迷茫的反面是建立信仰的条件。

（3）教育方式的不足导致大学生马克思主义信仰缺失。大数据时代，信息技术的飞速发展使人的主体性在互联网社会中逐渐地被消解。人的生活被各种信息化技术所取代，进而人的思维也在发生改变。冰冷的数据以及杂乱无章的信息充斥大学生生活的各个环节，依托于技术手段的教育新形势层出不穷，在这样的社会环境中，大学生陷入到底是技术重要还是自我重要的现实困境。时代呼唤人的主体性，时代不可被物质所取代。无论是建立信仰还是教书育人，坚持主体性原则都已成为教育在此时代的必然选择。长久以来，传统的信仰教育在一定程度上忽视了学生的主体性。不同的人有着不同的成长背景和自我情感，每个人都应该自主地去找寻属于自己的理想信念之光。同时，传统的信仰教育方式的单向传授模式容易使大学生产生惰性，缺少受教育激情。所以，在社会主义核心价值观信仰培育中，坚持主体性是基本准则。坚持主体性原则是建立信仰的首要一步，人只有被重视才会产生归属感。

2. 道德感不强

道德感是一种与生俱来的判断善恶的情感。英国情感主义伦理学派代表人物沙夫茨伯利认为："人类行为的善或恶取决于情感的动机或意向，适宜的天然情感是道德判断的基础，是人类获得幸福社会生活的唯一手段。这种基于适宜的天然情感的共通感构成了人类的道德感，它不仅是人类对共同福利的感觉，而且也是一种对共同体或社会、天然情感、人性、友善品质的爱。"[①] 然而，部分大学生在网络上往往表现出强烈的道德感，但是在现实生活中，在面对需要其承担责任的事件时会首先选择退缩，敢于争做键盘侠，却无法争做现实社会正义的化身。这可以从近年来频频出现的

---

① 转引自韩志伟、郝继松《论道德感的实践本性——以苏格兰启蒙运动为中心的考察》，《理论探讨》2011 年第 3 期。

网络热点事件可以看出，部分大学生可以在网络上义正词严，但在现实生活中却会因为害怕承担责任而选择逃避。此外，在大学生受教育过程中，部分大学生不遵守教育过程对大学生的基本要求，上课讲话、看手机视频、玩手机游戏等现象屡禁不止，更有学生公然在课堂上调侃老师，接话茬、起哄，这样的现象出现不仅有失教育的严肃性，而且也是对大学生身份的亵渎。这些都足以说明部分大学生存在道德感不强的现象。

（五）大学生社会主义核心价值观教育环境缺乏监督

大学生社会主义核心价值观教育环境包括经济环境、政治环境、文化环境等，因本书以大数据时代为背景，大数据又基于网络环境而存在，所以本书将大学生社会主义核心价值观教育限定在网络环境下进行研究。网络对大学生的影响逐渐深入，加强网络运营管理、对网络环境进行有效监督是大学生社会主义核心价值观教育需要关注的重要内容之一。网络在逐渐成为大学生日常生活不可或缺的一部分而为大学生社会主义核心价值观教育带来崭新机遇的同时，也带来一些困境。当前，大学生在运用网络时产生的值得关注的问题主要有以下几个方面。

1. 大学生上网泛娱乐化

网络作为大学生日常消遣的重要渠道，是大学生减轻压力、放松心情的重要平台。适度的娱乐有助于大学生的身心健康，但一味沉迷于此，会导致大学生精神匮乏，不利于其接受和认可社会主义核心价值观，甚至影响大学生本身的价值观塑造。

娱乐是泛娱乐化的核心，它使本应该被严肃认真对待的理论被娱乐化，超越应有的界限。大学生正是泛娱乐化最易吸引的受众。娱乐就如同快餐和调味品，偶尔展开有助于调节身心，但长期"服用"就会导致"精神贫血"。当一切社会公众话语都日渐以娱乐的方式出现，并成为一种文化精神，我们的社会一切元素都心甘情愿地成为娱乐的附庸，毫无怨言，我们就成了一个"娱乐至死的物种"。

2. 社会主义核心价值观网站亟待改进

当前，大学生利用和关注社会主义核心价值观网站、微博、微信公众号的频率逐渐增多。这表明大学生具有积极主动地追求了解社会主义核心价值观的意识。但是社会主义核心价值观网站、微博和微信公众号的内容更新、页面设置、网站设计等需要专门人员维护，如果网站、微博和微信公众号内容更新不及时或者设计陈旧，则无法吸引大学生，从而也就会缺失网上极佳的宣传阵地。除此之外，部分社会主义核心价值观网站内容无法贴近大学生实际生活，不能用大学生的话语体系来讲述社会主义核心价值观内容，易使大学生感到乏味，导致大学生缺乏生动性。所以，社会主义核心价值观网站、微博和微信公众号亟待改进。

三　大数据时代我国大学生社会主义核心价值观教育困境成因分析

（一）大学生社会主义核心价值观教育理念滞后

大学生社会主义核心价值观教育理念滞后是导致针对大学生群体的核心价值观内容缺乏精准提炼和引发教育教学现实困境的主要原因之一，教育理念滞后主要由以下两个原因引起。

1. 教育中忽视大学生主体性

任何价值观的形成与发展都与主体的自觉意识息息相关，也只有主体产生需要才能使一切观念具有价值。在社会主义核心价值观教育中，大学生与教育者作为教育环节的主体应该处于一个平等的位置，但是大学生并非一直具有主体性。传统教育认为，价值观教育与知识教育是统一的，都是依靠教师传授知识、学生接受知识这一脉络实现。因此，传统教育仅强调社会主义核心价值观教育的政治倾向性与社会育人功能，强调教育者的权威地位，而忽视了大学生作为受教育者的主体地位。在传统教育中，大学生在教育中只能扮演客体的角色，被动地接受教育。社会主义核心价值观教育所依托的载体为高校思想政治理论课，而思想政治理论课作为大学生社会主义核心价值观教育的主渠道，在使大学生认同社会主义核心价值观、践行社会主义核心价值观方面发挥巨大作用，甚至是至关重要的作用。在传统教育环节，思想政治理论课对大学生并没有足够的重视。即便目前更多高校教师在教育中开始运用多种新鲜手段来促使良好教育效果的实现，但无论手段如何更迭，忽视大学生本身的差异，不能根据大学生自身特点来分类进行教育，或者不能真正地理解和了解大学生本身，就无法使教育目标得以良好实现。

社会主义核心价值观教育的关注重点应该是人之成为人的教育，所以，教育要关注个人的生存与发展，激发个人在教育中的价值实现，坚持"以人为本"的教育理念，充分重视大学生的主体性。

2. 教育者教育观念落后

大学生社会主义核心价值观的培育与其他知识教育一样，都是高校教育中不可或缺的一部分。但受应试教育影响，部分教师在教育过程中将大学生社会主义核心价值观教育与考试选拔类教育相混淆，以选拔类考试标准来定义社会主义核心价值观教育，以成绩或者课程合格率来衡量社会主义核心价值观教育效果，这严重曲解了社会主义核心价值观教育意义。这样的追求也直接导致受教育者仅仅将社会主义核心价值观教育当作诸多考试科目中的一门来对待，仅仅只是在考试前进行突击背诵，这使受教育者既不能够很好地领会和感悟社会主义核心价值观的实质内容，也无法实际运用这些内容指导实践。对于非思想政治理论课专业教师来讲，他们普遍认为社会主义核心价值观内容与他们无关，所以在课堂上很少涉及社会主义核心价值观方面的内容，甚至有曲解社会主义核心价值观内容的现象存在。而无论是思想政治理论课专业教师还是非专业教师，都存在忽视学生主体性的问题，忽视学生差异、需求、爱好。教育者在教育中并没有吸纳学生意见，也并没有将授课内容与学生实际感兴趣的话题或者学生的真切需要相结合，在旧有的教育观念引导下，社会主义核心价值观教育逐渐陷入被动。

（二）大学生社会主义核心价值观教育教师队伍建设不足

教师队伍建设是一个系统工程，包括更新教师培养观念、创新教师培养模式、改革教育质量评价等措施。当前，高校思想政治理论课教师队伍的职业素养不足主要是教师队伍建设不足导致的。细化起来主要有以下几个原因。

1. 社会支持不到位，氛围营造不足

首先，思想政治理论课教师的发展要依靠政府管理部门所营造的良好环境。只有在一种全民认可、公众信任、全社会积极支持的环境中，高校思想政治理论课教师才会具有职业荣誉感和使命感，才会把社会主义核心价值观教育当作一种使命、一份有前途的事业来做。当前，高校思想政治理论课教师因其专业具有较强政治性，与理工科专业相比不具备直接经济属性，所以一直以来，思想政治理论课教师的工作价值受到社会及同行的质疑与曲解，这样不利于教育者对本专业归属感的形成。其次，社会舆论对高校思想政治理论课教师的宣传不到位。社会舆论应该积极宣传思想政治理论课教育职业的崇高，激发教育者的积极主动性。最后，高校教育管理部门对高校思想政治理论课教育者的管理较生硬，部分管理部门并没有学习好中央关于教师培养的有关文件，没有以贴合教育者实际情况的方式制定方针政策，教育者在高校管理中处于被动地位。

2. 高校管理部门对提升教育者专业素养保障不足

首先，高校应该设立专门机构负责管理思想政治理论课教育教学，使思想政治理论课具备专业管理保障。但目前来讲，多数高校并没有将思想政治理论课教育教学放置于教学重点位置，无法保障思想政治理论课教学活动的健康合理展开。从教育者来讲，根据《新时代高等学校思想政治理论课教师队伍建设规定》要求，高等学校应当根据全日制在校生总数，严格按照师生比不低于 1 : 350 的比例核定专职思政课教师岗位。① 目前，虽然高校思想政治理论课教师数量达到基本要求，但又面临整体质量有待提高的困境。其次，高校管理部门对改进思想政治理论课教育者的科研环境、教研条件的意识不足。这就需要相关部门对思想政治理论课教师给予支持，特别是在政策方面给予倾斜，保证思想政治理论课教师的切身利益。

3. 教育者自身进取意识不足

首先，高校思想政治理论课教师本身的教育背景、年龄、个人经历参差不齐，其在教学过程中会出现多种多样的教育方式，但无论哪种教育方式，都应该以教书育人为基本前提。然而部分思想政治理论教育者自身进取意识不足，教育教学方式未能及时更新，教学形式单一，未能实现良好的教育效果。其次，作为思想政治理论课教师，要具备与时俱进的教学思维，因所教授的教学内容具有宏观性和抽象性特点，这就要求教育者要与大学生保持适当交流，用大学生喜闻乐见的教学手段对其进行教育。然而部分思想政治理论教育者自身无法及时转变观念，忽视大学生主体性，也无法在实际教学中运用多种手段辅助教学，从而导致教学活动沉闷、过时，

---

① 《新时代高等学校思想政治理论课教师队伍建设规定》，教育部网站，http：//www.moe. gov.cn/srcsite/A02/s5911/moe_621/202002/t20200207_418877.html。

这不利于教学效果的实现。最后，部分思想政治理论课教育者因职业倦怠等，不能够主动扩充学科知识和主动进行交流学习，不能满足时代进步对思想政治理论教育者提出的更高要求。

（三）大学生社会主义核心价值观教育受社会负面道德和价值取向的影响

大学生作为社会的一员必然受社会普遍存在的社会观念与社会意识左右，也受社会风气所影响。他们的价值观形成与发展必然随着社会道德与价值取向的发展而动。综观当前我国社会的经济状况、社会生产生活方式、人民生活水平不难看出，我国现阶段正处于多样多元化变革时期。社会思想与文化呈现多元样态，人们的思想与行为选择在此基础上有所改变，也正是多元与多样，使社会在发展过程中暴露出诸多不良现象，大学生受到诸多不良思想例如利己主义、功利主义等的冲击，价值观念受到波及。在网络速生文化的影响之下，社会总体道德与价值追求发生更加复杂的变化，对大学生价值观的树立与养成造成了更加深刻复杂的影响。

当下大学生的信仰缺失是导致道德失范的主要原因之一。信仰作为一种行为规范，可以有效地对大学生的行为进行约束，提高大学生的精神境界。随着时代的发展，大学生身处的社会的物质逐渐丰富，市场经济驱使人们追求经济利益而忽视理想信念。缺乏信仰，价值观就会出现问题。大学生受网络的影响逐渐深入，以网络为基本载体的新媒体对大学生价值观的影响已经超越家庭和学校教育。所以，网络的负面信息对大学生有重要影响。

（四）大学生社会主义核心价值观教育受不良环境影响

1. 网络"泛娱乐化"

网络"泛娱乐化"是指以新媒体为载体，以浅薄空洞甚至庸俗媚俗的内容，通过夸张的方式试图达到让人放松的目的的一种文化现象。新媒体出现泛娱乐化现象主要是因为新媒体的形式，如微博、微信等在信息传播之前，必然会将所要传播的信息有选择地进行筛选，以话题能博眼球、带热度为基本筛选条件。传播媒介以自身利益和价值观为标准，重构热点议题。大学生日常所普遍使用的微信、微博、QQ以及新出现的直播平台等所传播的内容多有泛娱乐化倾向。这些平台准入门槛极低，又缺乏监管，使别有用心之人有了可乘之机，干扰了大学生社会主义核心价值观教育的有序开展。

2. 网络传播垃圾信息

网络的开放共享性使西方资本主义国家腐朽的价值观念得以通过网络流入我国，直接影响大学生社会主义核心价值观的形成。新媒体平台在给予大学生丰富信息的同时，也带来诸多负面影响。社交平台中充斥大量垃圾信息、暴力信息、色情不健康信息等，干扰了大学生健康成长。尤其是大学生正处于价值观形成的关键期，大量不良信息未经审查流向大学生，会使大学生的价值观扭曲，给社会带来不确定影响。网络虚拟空间的匿名性特征也吸引着大学生在其中畅所欲言，过度沉溺网络会影响大学生现实生活的正常交流和沟通能力，过度依赖网络也将对其正常学习和生活产生负面影响。

3. 网络承载的信息繁杂

随着网络信息技术的广泛运用，信息生产、更新、传播速度加快。繁杂的、无用的信息大量充斥网络，给网络造成极大负担，给大学生社会主义核心价值观教育带来不利影响。大量信息泥沙俱下，混杂于网络空间，通过新媒体平台进行传播，人们往往难以察觉和分辨。而且，由此造成的信息泛滥也进一步增加了监管难度。与此同时，个人在网络上随意散布信息也对大学生社会主义核心价值观教育造成影响。要在繁杂的信息中抽离出对大学生社会主义核心价值观有利的信息，就需要借助大数据技术才能实现。

第三章 大数据时代我国大学生社会主义核心价值观教育的基本原则和应然要求

2014 年，习近平总书记在北京大学师生座谈会上的讲话中强调："青年的价值取向决定了未来整个社会的价值取向，而青年又处在价值观形成和确立的时期，抓好这一时期的价值观养成十分重要。这就像穿衣服扣扣子一样，如果第一粒扣子扣错了，剩余的扣子都会扣错。人生的扣子从一开始就要扣好。"[①] 大学生作为青年群体中的重要组成，对他们进行社会主义核心价值观教育有着重要意义。随着社会整体步入大数据时代，大学生社会主义核心价值观教育所遵循的基本原则和要求应当与大数据时代紧密结合，本章将大数据时代的可量化、预测性、个性化和共享性特征寓于大学生社会主义核心价值观教育基本原则与应然要求中，助力大学生扣好人生的第一粒扣子，培育和践行社会主义核心价值观。

一 大数据时代我国大学生社会主义核心价值观教育基本原则

(一) 坚持教育方式的引导性原则

大数据时代的可量化与预测性特征为坚持教育方式的引导性提供了基础和前提。这与传统社会主义核心价值观教育简单机械地仅局限于一定时间以课堂教学为唯一手段进行教育引导相区别。大数据将大学生与教育者的海量数据进行集结，从中分析大学生和教育者在思想与行为中存在的种种问题以及对社会主义核心价值观的看法，引导其发扬自身优势，规避在接受社会主义核心价值观教育时产生的有关思想与行为误区，使大学生与教育者在符合社会主义核心价值观要求的方向上前进。引导性原则将大学

[①] 《习近平著作选读》第 1 卷，人民出版社，2023，第 243 页。

生社会主义核心价值观教育中的教育者与大学生之间的关系进行合理配置，突出了教育者对大学生的教化作用以及社会主义核心价值观对大学生的影响。大数据时代引发社会全方位变革，大学生在这样的时代背景下在价值观方面极易受时代的变化影响而产生与时代发展潮流不一致甚至相悖的价值观念，要想将大学生的思想与行为引导至符合社会主义核心价值观要求的轨道上，就必须在大数据时代坚持教育方式的引导性原则。

引导是指带着人向某个目标或方向前进。在引导的过程中，引导者处于主导地位，引导者引导着被引导者走向引导者所期望的方向，引导者起着模范和带头作用。但在整个引导过程的实际操作中，更多的是要求引导者注重被引导者的主动性。在社会主义核心价值观教育中，引导者即教育者，被引导者即大学生。在实施引导的过程中，教育者既可以身体力行地进行引导，也可以单纯理论灌输式地进行引导，无论采取何种引导方式，都需要教育者有着强大的知识储备，不断提升自身素质，培育和践行社会主义核心价值观，只有这样才能起到榜样作用。而大学生在引导过程中应当发挥自身的主观能动性，遵循引导轨迹主动地实现自我发展。

在传统大学生社会主义核心价值观教育过程中，教育的引导性存在弊端，主要原因是教育者与大学生之间契合点较少，这使教育者在大学生社会主义核心价值观教育中没有参与到大学生的实际学习过程中，对大学生的实际情况不熟悉，从而其引导性也大打折扣。传统的教育引导因为技术、理念的缺陷难以在实际的操作中解决此弊端。大数据时代的来临使教育中存在的种种原始问题得以洗牌。教育者与大学生越来越多地成为互联网的使用者，他们也直接必然地成了大数据时代数据的创造者、参与者、分享者并无时无刻不为大数据提供研究素材。也正因如此，大数据的可量化与预测性和教育方式的引导性原则建立了关系。在大数据时代，起源于统计学的大数据必然要与客观现象的总体数量特征及数量关系相关，这些相关使所有数据都变成了可参与计算的变量，一切数据信息都可成为数量单元。文字、图片、方位、音频视频以至于教育者与大学生从心理到行为等一切与他们社会生活相关的元素都在大数据时代变化为可量化的数据。这些数据在大数据时代接受分析，人们可以从分析中得出在以往时代无法得到的信息并发现其价值，探析大学生与教育者的内心，将大学生与教育者对社会主义核心价值观的看法显现。大数据时代各个领域的数据化集成了庞大的数据资源，推动了多领域的可量化进程。而大数据技术的核心即预测，所以，大数据时代也具有预测性特征。依托多角度、多类型、多来源的海量数据以及数据采集、数据存储处理、数据分析和可视化流程，数据之间的相关联系、规律得以被准确呈现，从而我们能够基于此做出精准预测。大数据时代的预测性特征在给人们提供便捷的同时也彰显大数据的巨大价值。它迅速地改变着无论是商业、医疗还是教育的传统模式，使各个领域对未来的研判都具有了科学的依据。所以，在大数据时代教育方式的引导性原则是大数据可量化、预测性特征与大学生社会主义核心价值观教育的有机结合，为大学生社会主义核心价值观教育提供了方向性保障。

（二）坚持教育个体的个性化原则

大数据时代的个性化特征为坚持教育个体的个性化原则提供了基础。有关个性化的概念在不同的学科有不同的解读，在教育视域下，个性化是指具有明显个人特征的学习行为，包括个体对学习内容、手段、路径等方面的个人选择。个性化教学偏重的是大学生个体的独特性需求，是从大学生的角度出发、针对个人的教育方式，其与差异化教学有相似但又相区别的地方。差异化教学在下节作详细表述。坚持教育个体的个性化原则的根本目的是坚持全面与个性相统一的教育发展模式，促进大学生在培育和践行社会主义核心价值观过程中实现优点放大、缺点弥补的多样化全面发展。要秉持人人成才和培养多样化人才理念，在社会主义核心价值观教育中关爱每个学生的发展，提高每个学生对社会主义核心价值观的认同度，使大学生在终身学习的过程中切实有效地培育和践行社会主义核心价值观。在社会主义核心价值观教育中，个性化的基本特征之一即大学生根据自身特点、个人偏好、行为习惯等个性自主、主动地选择与自身相符合的学习内容、学习方式等，将自我教育与个性化相契合。

个性化教育是包括社会主义核心价值观教育在内的对教育的理想化追求。它不是简单地拘泥于某一个教育阶段或者某一种教育要素，而是一种教育理想的回归。个性化教育的核心是尊重每个参与教育的个体自身的特性，在尊重个体自身特性的前提下提供教育，使教育与个人全面结合，最终实现真正的教化育人。大学生作为现实中的人，本身的需要是行为的强大驱动力。根据马斯洛需求层次理论中人类需求的五个层次，每一层次的需求对于大学生来讲都对其学习具有促进作用，而在教育中获得自我实现作为需求的最高层次，对大学生的促进作用相对于其他层次要更加强力。在教育中总是被忽视、被否定的学生接受教育的需要或者意愿将低于在教育中得到肯定和重视的学生。马斯洛的理论为怎样才能激发大学生更好地接受教育提供了思路，在大学生社会主义核心价值观教育中，只有激发大学生的学习动机，调动大学生的积极性，满足大学生的需要，才能提升教育质量，而这一切的基本出发点是尊重大学生的个体差异性，所以坚持教育个体的个性化原则在教育中有重要的意义。大数据技术的出现恰逢其时地为此教育模式提供了技术支持。

随着大数据技术的广泛使用和计算机网络技术的日臻成熟，教育也因此而具有了信息化特征。智慧课堂、慕课等教育技术的发展使教育突破了传统以教师、课堂和课本为中心的模式，使大学生能够在学习过程中参与到技术进步的浪潮，借助于各类教育网络平台，实现个性化学习。这主要表现在：首先，在网络环境中，教育资源的开放性为个性化提供了条件，每个大学生都可以随时随地借助于网络培育和践行社会主义核心价值观；其次，在网络环境中，大学生不必拘泥于成绩、课堂纪律等规范，可以自由地依据个人偏好浏览相关资讯，接受教育，实现自主学习；再次，大数据集合海量数据进行实时分析使大学生可以精准快速地得到有关自我学习状况的反馈并据此调整学习过程，也可使教育者有针对性地引导每个大学生进行学习，激发大学生主观能动性；最后，借助于大数据技术手段的运用，社会主义核心价值观教育忽视学生个体差异的现象得以缓解，为实现教育公平提供了条件。

（三）坚持教育活动的差异性原则

大数据时代的个性化特征在社会主义核心价值观教育中得以体现的前提是在教育教学环节中坚持差异性原则，以差异化教学替代传统的统一化教学模式。差异化教学是指在集体教学环节，教育过程立足学生的个性差异，满足不同学生的学习需要，促进每个学生最大限度发展的教学。差异化教学是一种以学校和课程为中心的教学方法，其从教育教学的角度出发，主要针对的是教育过程中教育教学的基本要素的差异化，例如课程、教育内容、教育目标等。差异化教学试图在满足学生需求和发挥个体化优势基础上作总体准备，注重总体性，而个性化教学偏向于注重学生个体的需求。所以，在教育活动中应当坚持差异性原则，从而为个性化实现提供对应的教育环境。

"多元智能理论"之父、美国哈佛大学教育学教授霍华德·加德纳认为，教学在以往时代中存在的最大错误即假定儿童是没有差异的，以统一的教学模式、手段和内容来对待全体儿童。大学生的学习动机与需求存在差异，因此，在社会主义核心价值观教育中对大学生进行差异化对待，是满足大学生切实需要、维护大学生自身兴趣爱好和教育公平、提升教育质量的前提和必然要求。只要存在有不同需要的学生，教育就应当针对不同的需要做出相应的响应，应当在教育中维护多样性，而不是忽视它。满足学生的需求在现实的教育教学环节确实很难做到，当教育者在教学中在同一时间内向全体学生教授同样的内容时往往会出现这样的状况，部分学生已经知道这些内容，部分学生将要知道，而部分学生完全不知道。这也就是说在课堂教学中大部分学生在浪费时间。而学习某一具体概念时，有的学生花费时间很短，有的学生则需要很长时间才能理解和消化，因此，在教学环节教育者只有尊重大学生的差异，在教学方式方法上冠以差异化，才能使教育质量有所提升。大学生始终处于社会主义核心价值观差异化教学的核心地位，但在教学过程中不能因为大学生的主体地位而无差异地一股脑儿将所教授内容全部告知大学生。大学生在接受教育的过程中是知识的运用者、接受者以及创造者，这要求大学生应当在学习中承担相应责任，而教育者的角色也要做出相应的转变。教育者要在教学过程中引导大学生承担接受和运用知识的重要责任。教育者也应当在教学中注重对大学生的先前知识结构水平的掌握，大学生对社会主义核心价值观的理解和践行是建立在先前知识经验基础上的，差异化教学总体所遵循的应该是"为了学生调整课程，而不是为了课程调整学生"[1]。差异化教学的实现要以课程标准的改革为前提。课程标准有助于增强大学生对社会主义核心价值观的接受度。课程的宗旨在于告诉我们教什么，而差异化教学则告诉我们如何去教，课程是提供标准的来源。差异化教学所要求的是教育者在课程制定过程中，对教育内容、教育过程等进行差异化设计，使其与学生相匹配，要

---

① NCAC. "Differentiated Instruction and Implications for UDL Implementation", www. cast. org/ udlcourse/ Differ Instruct. doc.

结合课程的标准和学生的个性化进行差异化教学设计。

大数据时代，差异化也是大数据运用的旨归。大数据来源于大学生的日常生活数据，从宏观角度反映大学生的思想和行为轨迹。大数据也因此成为大学生数据的记录工具，其能够完好地将大学生现实状况记录在案，通过分析掌握大学生的个体差异，及时有效地对课程内容、课程形式、教育目标等要素进行调整，使社会主义核心价值观教育满足大学生教育差异化要求。在传统教育过程中，教育者受制于技术等条件，无法针对大学生的差异和个性及时有效地调整课堂教学，即便知晓大学生个体之间在许多方面存在不同，也无法在实际教育教学环节针对差异做出改变。这样会使教育陷入被动，不但引发教育资源浪费，而且会导致教育质量无法提升，最终导致部分大学生对教育内容产生抵触。大数据时代，通过对海量数据的挖掘和分析，教育资源得以量化，线上教育平台的建立为差异化教学提供了广阔的平台，翻转课堂理念的植入也极大地增强了对大学生差异化的尊重，也逐渐地满足了教育差异化要求。通过大数据对大学生个体的精准分析和分类，教育者可以满足不同大学生的实际需求，研究出与之相适应的教育教学模式。只有坚持差异才能找到大学生与社会主义核心价值观教育的契合点。尊重大学生差异就是要求在教育中奉行差异教学的基本方法。从对时代的审视出发来看，坚持差异性原则是面对时代变迁的必然选择。中国传统文化从总体来看，是一种群体取向而非个人取向的文化，素来强调共性而非个性。在人的发展上，历来关心的是人的社会化而不是差异化问题。但随着时代的发展，人们的思想受到各方面的冲击，对于差异化的追求愿望逐渐强烈，求同存异的意识逐渐拓展至各个领域。所以，在大数据时代，时代的属性要求教育要尊重差异，要树立教育的差异化理念，坚持差异性原则，在教育中为保证"我"之区别于他人的独特性创造条件。

（四）坚持教育资源的共享性原则

大数据时代的共享性特征为坚持教育资源的共享性原则和推动教育资源的合理配置提供了基础。正是基于开放共享，大数据才可更好地为人们提供服务。在教育资源维度，从已有文献来看，对教育资源的定义并未有统一的认识，有人按照资源的划分来为教育资源作定义，例如按照有形与无形的分类，将教育资源分为有形的教育资源（人力、物力、财力等）和无形的教育资源（思想、理念、制度管理等）；按照资源来源划分，将教育资源分为来自政府的教育资源、来自高校的教育资源、来自社会的教育资源等。大体上看，教育资源主要分为以下几类，自然资源与社会资源、物质资源与精神资源、显性资源与隐性资源、传统资源和现实与未来资源等，教育资源的分类不同，与之相对应的教育资源的概念就会不同。因本书所关注的为大数据时代下的大学生社会主义核心价值观教育问题，而在大数据时代下，数据也作为资源的一种而被广泛挖掘利用，因此，本节所想要表达的是高校针对大数据资源的共享性问题，所以本节就将教育资源限定为大数据资源，以此出发进行考量。教育资源共享性原则所包含的数据共享既有校内数据资源共享也有校际资源共享。

近年来，共享概念早已成为社会的热门词汇而被人们熟知。社会步入大数据时代，大数据时代的共享性特征使数据资源的共享成为各行业未来发展的趋势。而在教育领域，智慧课堂、慕课等技术手段的普及和运用也使教育大数据展现出强劲势头。然而，有人认为，就目前我国教育发展状况来讲，教育资源共享不可能成为现实，其中有各种理由，重点缘由是各高校之间、高校内部各部门之间条块状的分割局面导致各自为政、资源配置不均、大数据发展状况不一致，无法实现数据共享。但是结合近年来各高校之间建立的种种沟通和联系，例如课程互选、图书馆信息资源共享等来看，笔者认为，数据共享在当前社会是完全可以实现的。坚持教育资源的共享性原则有重要意义。

坚持教育资源的共享性原则有助于促进高校社会主义核心价值观教育的资源多元化，提高数据资源的利用效率。对于社会主义核心价值观教育的数据资源来讲，目前在智慧课堂与慕课等网络教育平台中，针对社会主义核心价值观教育的内容相对于其他专业课程来讲数量明显较少，而数据构成也较单一。高校无法将数据资源进行有效整合，亦无法站在宏观的视角全方位地掌握社会主义核心价值观对大学生的影响。这就需要建立数据资源的共享机制，将当前各高校、高校内部各部门之间所掌握的数据进行有效集结，建立通道，从而以此实现社会主义核心价值观教育资源的多元化，真正实现大数据。对于数据资源的利用率来讲，高校之间因为管理不到位或者沟通不畅导致教育资源在分配上出现不均衡状况，数据资源产生严重浪费。在高校校际，因为学校的类别不同、学科水平不同、财政状况不同等，彼此之间也存在差异，某些高校经费不足，会影响其对教育资源的开发和使用。因此，高校之间在大数据建设和数据挖掘分析利用方面受其财政状况和投入程度影响而存在较大差异。而在高校内部，部门之间各自为政，使原本简单的数据被重复挖掘和分析，也会造成资源浪费。而坚持教育资源的共享性原则可以使数据资源在校际得到有效传播和使用，减少资源的重复建设，为社会主义核心价值观教育助力。在高校内部之间建立合理的配置机制，提高数据资源的利用效率，可以有效弥补部分高校因自身建设存在不足而无法获取数据资源的困境。除此之外，坚持教育资源的共享性原则有助于教育者厘清大学生在培育和践行社会主义核心价值观过程中所存在的问题，有助于教育者针对问题提供解决路径。因为大数据资源的共享必然会引发一系列关系的变化，也就会使教育者能够通过数据掌握大学生在社会主义核心价值观教育中存在的问题以及诱发这些问题的原因，以此来更好地针对大学生的实际情况进行教育。

（五）坚持教育内容的动态性原则

大数据时代的及时性特征为坚持教育内容的动态性原则提供了基础和前提。对于教育行业来讲，及时地掌握教育的动向与学生的思想动向并趁早进行干预是保证教育效果的有利条件，而大学生的思想与行为处于时刻变化状态，因此教育内容也不应是静止的存在，而应根据社会每时每刻的发展变化做出及时的调整，顺应瞬息万变的时代发展潮流，而不是以机械单一的内容应对社会的千变万化。在大数据时代，网络环境下信息的爆炸式增长使大学生的关注点时刻处于资讯前沿，若在教育内容上无法跟上信息的发展速度，实时对教育内容做出调整，则不易使大学生对此理论产生兴趣与认同。所以，在大数据时代坚持教育内容的动态性原则对社会主义核心价值观教育有重要意义。

动态性是系统论原理要点之一，它指的是系统的稳定状态是相对的，运动状态则是绝对的。系统不仅作为一个功能实体而存在，还作为一种运动而存在。系统内部的联系就是一种运动，系统与环境的相互作用也是一种运动。系统的功能是时间的函数，因为无论是系统要素的状态和功能，还是环境的状态或联系的状态都是在变化的。运动是系统的生命。自然界永恒运动的观点是唯物辩证法的基本观点。恩格斯指出："运动，就它被理解为存在方式，被理解为物质的固有属性这一最一般的意义来说，囊括宇宙中发生的一切变化和过程，从单纯的位置变动起直到思维。"① 在大学生社会主义核心价值观教育中，要把握事物的发展趋势和变化规律，才不至于被动。动态性观点就是我们常说的不能静止地看问题，要以发展的观点来研究问题。系统要保持稳定有序状态，必须在动态中寻求平衡。这要求教育内容要呈现动态发展的趋势，与时代发展的实际相吻合。

首先，坚持教育内容的动态性原则要求大学生社会主义核心价值观教育在大数据时代具有适时性。教育内容的"新"与"旧"属于历史范畴，社会存在决定社会意识，有什么样的社会存在便会有什么样的社会意识。所以，当社会整体都处于变革时，教育内容也要做出相应的调整以适应社会存在，尤其是随着大数据时代的到来，网络信息快速更新，每时每刻地制造着舆论的引爆点，大学生社会主义核心价值观教育内容只有抓住信息的快速变化，才能够抓住大学生的注意力。但这不是说教育内容可以脱离或者超越社会存在而存在，它必须与社会存在保持一致，在继承的基础上加以创新。其次，要求正视教育内容具有的地域、文化、性别等差异。教育内容的动态性是建立在尊重差异的基础上的。教育内容只有与不同的文化背景、地域差异、师资力量、个人能力等相适应才能够做出正确的改变，才能够顺应社会的发展潮流。再次，要求教育内容的动态性符合社会主义核心价值观教育的政治方向。2016 年，习近平总书记在全国高校思想政治工作会议上讲话中指出："我国高等教育肩负着培养德智体美全面发展的社会主义事业建设者和接班人的重大任务，必须坚持正确政治方向。"② 在教育内容上坚持动态性原则的客观前提即教育内容必须与政治方向保持一致，无论社会环境怎么变化，无论技术改革如何推进教育手段与内容的创新，大学生社会主义核心价值观教育始终要坚持正确的政治方向，使动态变化处于政治方向正确的大前提之下。最后，要求教育内容的动态性原则与实践相结合，指导大学生在实际生活中培育和践行社会主义核心价值观。教育是一件主动的和具有建设性的过程，而不是被告知的过程。对于社会主义核心价值观教育内容来讲，顺应时代发展变化，坚持动态性原则的要义

① 《马克思恩格斯选集》第 4 卷，人民出版社，1995，第 346 页。
② 《习近平谈治国理政》第 2 卷，外文出版社，2017，第 377 页。

即能够使社会主义核心价值观指导大学生实践，与大学生实践相契合，为解决大学生现实问题提供理论基础和思路，而不是仅仅根据时代变化而变化，不产生任何实践意义，若仅仅在内容上做出简单的变化而不具备指导实践的功能，那么此动态性便不是真正意义上的动态性。

在传统教育中，坚持教育内容的动态性原则因技术手段的制约在实现过程中存在困难。而大数据时代大数据的及时性特点为动态性原则的实现提供了平台。利用大数据技术对海量数据进行实时监控和挖掘分析，随时掌握数据动态，根据数据动态的可视化呈现和精准化预测，即可掌握研究对象的变化。对大学生来讲，在网络环境下，作为大数据的提供者，其思想与行为的波动变化会立刻在数据中有所反映，利用大数据技术捕捉此反应并根据大数据的相关性原则挖掘引发此反应的因素，即可在教育内容中加以着重涉及。而对于教育内容来讲，社会的前沿热点问题实时在发生变化，利用数据技术对前沿热点问题进行精准预测，可使教育内容紧跟前沿，实现及时的动态性反映。

二 大数据时代我国大学生社会主义核心价值观教育应然要求

参照上述基本原则的相关表述，在大数据时代对我国大学生进行社会主义核心价值观教育，包括五个方面的应然要求：育人导向，价值引领；遵循规律，因材施教；分清问题，分类指导；协同联动，强化责任；结合兴趣，联系实际。以大数据助推大学生社会主义核心价值观教育。

（一）育人导向，价值引领

2017 年，中共教育部党组印发《高校思想政治工作质量提升工程实施纲要》中指出："要坚持育人导向，突出价值引领。全面统筹办学治校各领域、教育教学各环节、人才培养各方面的育人资源和育人力量，推动知识传授、能力培养与理想信念、价值理念、道德观念的教育有机结合，建立健全系统化育人长效机制。"[1] 在大数据时代，对大学生进行社会主义核心价值观教育的根本目标是提升教育质量，使大学生能够在日常学习生活与

---

[1] 《中共教育部党组关于印发〈高校思想政治工作质量提升工程实施纲要〉的通知》，教育部网站，http://www.moe.gov.cn/srcsite/A12/s7060/201712/t20171206_320698.html。

实践中自觉培育和践行社会主义核心价值观。所以，在教育实践中应当以育人导向、价值引领的应然要求贯彻教育方式的引导性原则。在育人导向、价值引领中，要以大数据助力社会主义核心价值观融入教育教学全过程，以社会主义核心价值观全方位引领教学与管理。具体做法主要有以下几种。

1. 以社会主义核心价值观引领思想政治理论课

思想政治理论课是将社会主义核心价值观传授给大学生的主渠道，因此，必须以社会主义核心价值观引领思想政治教育理论课，引导大学生理解和认同社会主义核心价值观，激发大学生培育和践行社会主义核心价值观的主观能动性。为此，社会主义核心价值观必须引领思想政治理论课教育教学环节。

（1）以社会主义核心价值观引领教学内容。首先，在思想政治理论课教学内容中彰显"富强、民主、文明、和谐"。"富强、民主、文明、和谐"，是我国社会主义现代化国家的建设目标，也是从价值目标层面对社会主义核心价值观基本理念的凝练，在社会主义核心价值观中居于最高层次，对其他层次的价值理念具有统领作用。在思想政治理论课教学环节，教育者要以我国现代化建设的最新成果教育大学生，要全面深刻并且科学地解读社会主义核心价值观中有关"富强、民主、文明、和谐"的具体内容，在教学内容的设定中，教育者要全面深刻地将马克思主义经典著作、马克思主义理论最新研究成果与社会主义核心价值观相结合，让大学生在接受教育内容时充分地了解、理解社会主义核心价值观的核心要义。引导大学生认清时事，看清大局，树立大局意识，充分地认识和理解"富强、民主、文明、和谐"的倡导。要利用大数据将有关"富强、民主、文明、和谐"方面的内容予以可视化展示。在内容设计上，教育者要尽量充分具体地对"富强、民主、文明、和谐"予以阐述。

其次，在思想政治理论课内容中强调"自由、平等、公正、法治"。"自由、平等、公正、法治"是对美好社会的生动表述，也是从社会层面对社会主义核心价值观基本理念的凝练。它反映了中国特色社会主义的基本属性，是我们党矢志不渝、长期实践的核心价值理念。这要求在思想政治理论课教学中将教育内容与社会层面对美好社会的追求相结合。让大学生在看清社会主义核心价值观在社会层面的追求的同时，也能够意识到国家在追求理想状态时所面临的有关实现"自由、平等、公正、法治"的困难和矛盾。在教育内容的设定中，要将当前社会转型期国家所面临的重大矛盾和困难梳理清楚，帮助大学生深刻认识到国家发展的艰辛，使大学生倍加珍惜现有成果。让大学生在接受和理解社会主义核心价值观教育的过程中明白，只有坚持党的领导，才能够实现美好社会。引导大学生使自身行为与社会倡导接轨，进而使其投身社会主义现代化建设。大数据可予抽象的概念以具象化和可视化，增强大学生的直观感受，让大学生较容易地理解教育内容。通过大数据的预测，大学生在思想行为方面的基本走势能够被观察和预见，从而教育者可对其进行及时干预。

最后，在思想政治理论课内容中反映"爱国、敬业、诚信、友善"。"爱国、敬业、诚信、友善"是公民基本道德规范，是从个人行为层面对社会主义核心价值观基本理念的凝练。它覆盖公民社会道德生活的各个领域，是公民必须恪守的基本道德准则，也是评价公民道德行为选择的基本价值标准。教育者在对大学生进行思想政治理论课教学时，要让大学生能够从祖国源远流长的传统文化中汲取养分，在大是大非面前坚定信仰、辨明是非，维护祖国尊严，坚守道德底线。在教育内容的设计方面，应当加入榜样等先进示范的例子，以与大学生的思想实际和现实状况贴近的榜样来引领大学生的思想行为，使爱国主义、民族精神扎根于大学生的内心。大数据具有及时性特点，可以将教学内容与社会道德要求相结合，也可利用大数据将以爱国主义为核心的民族精神植入大学生生活的全方面，使他们每时每刻都能感知到民族精神和社会整体道德要求的要义内涵。

（2）以社会主义核心价值观引领教学过程。教育者在传播有关社会主义核心价值观教育内容之前，必须掌握时代脉搏和社会发展形势，要对社会主义核心价值观提出的时代背景、基本内容、核心要义、未来指向等有一个清晰准确的认识，只有这样才能在教学中给学生以正确地讲授和指导。大学生的需要是其接受和认同社会主义核心价值观的最大动力，大学生在实际生活中遇到困难时，需要有一种观点对其进行疏导，而社会主义核心价值观应当作为疏导大学生的重要观念在大学生需要时及时出现。这要求教育者在课堂教学过程中，根据大学生的实际反馈，从教学手段、教学目标、教学内容等方面出发做努力，尽量使教学能够解答大学生所关心的问题或者在实际生活中存在的困惑，用社会主义核心价值观的相关内容帮助他们解决问题和困惑，使大学生能够在思想政治理论课教学过程中对社会主义核心价值观产生亲切感和依赖感。

在当前社会日趋复杂、各元素皆可吸引大学生注意力的环境下，教育者要想以社会主义核心价值观对大学生进行引导，必须具备足够的专业知识和较高的职业素养。教育者在教学过程中更应当在方法、内容、目标等方面下功夫，切实以大学生为出发点，提高社会主义核心价值观教育的质量和有效性。为此，教育者可以结合大数据技术的有关方面理论，利用数据分析，掌握大学生的思想动向和行为轨迹，分析他们在现实生活中所遇到的困难以及对社会主义核心价值观的真实需求，对症下药，为大学生量身定做适合他们个人的教学手段和方法。教育者也可以在大数据技术的帮助下为自身知识体系的构建添砖加瓦，不断地认清自身存在的问题并及时弥补，在教育过程中将社会主义核心价值观予以完好地呈现。

2. 以社会主义核心价值观引领高校管理过程

（1）以社会主义核心价值观引领大学生品行管理。社会主义核心价值观本身包含对个人道德层面的要求。对大学生进行品行管理是保障大学生日常行为活动的重要手段，同时也是增进大学生对社会主义核心价值观理解和认同的重要方式。大数据时代，基于网络环境的渲染，大学生的洞察力和接受新鲜事物的能力较之以往有显著提高。他们能够借助于各种手段轻松地获取各类信息，也正因如此，他们解决自我困难的能力有所提高，也就造成对父母、教育者等的依赖和对权威的信服的减弱，这潜伏着种种危险。信息的多样化所包含的弊端显而易见，不正确的信息或者偏离社会要求的负面信息也在给大学生带来深刻的影响，这就容易使大学生陷入无法鉴别信息真伪、好坏的误区之中而不自知，从而容易受这些不良思想影响，在品行方面走向歧途。社会主义核心价值观为大学生的品行建设树立了标准和导向。因此，要求高校在对大学生进行品行管理时，坚持社会主义核心价值观的引领，尊重大学生的自我意识和行为习惯，利用大数据针对大学生个体差异形成具有个性化的品行管理标准和体系，在维护大学生身心发展特点的基础上，引导他们在正确的轨道上前行。

（2）以社会主义核心价值观引领大学生学习管理。优良学风的形成离不开学习管理，学习管理也是使社会主义核心价值观在大学生中得以培育和践行的重要手段。以社会主义核心价值观引领大学生的学习管理有助于帮助大学生在接受教育时明确学习目的，养成良好的学习习惯，端正学习态度。学习管理的宗旨目标是形成优良学风，优良学风的形成也是大学生社会主义核心价值观教育成功的表现。

（3）以社会主义核心价值观引领大学生进行学习管理。学风建设的目标是使大学生在学习过程中能够树立崇高理想和坚定理想信念，形成严于律己的学习习惯以及刻苦钻研的学习态度。学风建设以坚持社会主义核心价值观为导向。为此，社会主义核心价值观教育要在实践教学中帮助大学生树立正确的"三观"。这就要求在学习管理中教育管理部门和管理者能够用社会主义核心价值观有针对性地解决大学生在学习中存在的实际问题，例如学习目标不明确、学习态度不端正、学习热情不高涨；在平时考试时诚信缺失，考试作弊；在上课时低头玩手机，不听讲，不预习、不复习，对老师布置的作业抄袭；在生活环节中铺张浪费，追求享乐、懒惰；等等。教育管理部门和管理者应对此做出相应的管理，施加管理手段。管理者要对大学生出现的上述问题予以高度重视，这些问题严重影响大学的学风建设，对其他本身不具备此问题的大学生有着极强的传染能力。要以正确的方法对存在上述问题的大学生进行有效引导。在此可利用大数据对大学生进行数据分析，摸排出存在诸类问题的大学生，对其进行重点教育，帮助他们扭转现状，使他们养成良好的学习习惯和学习态度，能够按照社会主义核心价值观要求树立坚定的人生理想和个人价值观念。此外，高校要在学习管理中形成管理体系，优化管理方法，将社会主义核心价值观贯穿于学习管理的全过程，动员与教育有关的全员参与到管理实务中来。大学生的学习管理者包含辅导员、班主任、学校管理层等各类人员，要建立成套完备的系统体系来对大学生的学习进行有效管理，调动大学生学习的积极性并使其认清自身存在的问题。在进行管理的过程中，可以适当地加大奖惩力度，以激励的手段鼓励大学生正确的学习行为，处罚大学生的学习不端问题，使奖学金、学分处罚等制度发挥应有的作用。奖惩有度的管理模式是管理效果提升的关键。所以，在社会主义核心价值观引领下的大学生学习管理应当注重方法，将管理落细、落小，使每位大学生切实感受到管理成效。

（4）以社会主义核心价值观引领大学生日常生活管理。大学生的日常生活也具备社会主义核心价值观引导的必要性。生活本身是最好的教育。大学生的日常生活除学习之外，还包含集体文化方面。宿舍、食堂、图书馆等区域是大学生日常生活的重点场域，这些场域包含的核心文化是对大学课堂的延伸，它们的存在为大学生的成长成才起到优化促进作用，所以要在这些场域坚持社会主义核心价值观的引领。在大学生宿舍文化建设方面，要将社会主义核心价值观融入大学生宿舍文化，优化大学生的生活环境。对此，可开展多种宿舍文化活动，增进大学生之间的了解，为社会主义核心价值观在大学生宿舍之间的传播构筑桥梁。在此方面可利用大数据技术对大学生的个人偏好进行精准掌握，在宿舍的分配上以大学生的个人偏好为分配标准，形成个性互补的宿舍成员分配格局。在宿舍成员之间的学习过程中可以使其相互帮助，充分培育和践行社会主义核心价值观。在图书馆、食堂等公共场所加强社会主义核心价值观的宣传，形成"润物细无声"的教育机制。

（二）遵循规律，因材施教

《高校思想政治工作质量提升工程实施纲要》中指出："坚持遵循规律，勇于改革创新。遵循思想政治工作规律、教书育人规律和学生成长规律，坚持以师生为中心，把握师生思想特点和发展需求。"[①] 在社会主义核心价值观教育中要坚持教育个体的个性化原则就要遵循教育个体的成长规律和教育规律，以此实现因材施教。在教育实践环节中，当前世界各国都在教育实施过程中进行个性化教育探索，个性化教育作为教育的终极目标，是人类社会长期以来在教育中所不懈追求的理想状态。迄今为止，人们始终都在个性化教育的实施中不断进行探索，力求使教育满足学生需要，维护学生的自主意识。在大数据助推大学生社会主义核心价值观教育遵循规律、因材施教方面，具体应有以下做法。

1. 利用大数据实现自适应学习

在大数据时代，互联网环境下的社会主义核心价值观教育已与在线课程相结合，它为社会主义核心价值观的传播作出了贡献，但是其中仍旧存在诸多问题有待解决，例如在线教育系统更多地偏向于课程管理和教学方面，而不是对学习者的自主学习进行引导，虽然它可以起到传递社会主义

---

① 《中共教育部党组关于印发〈高校思想政治工作质量提升工程实施纲要〉的通知》，教育部网站，http://www.moe.gov.cn/srcsite/A12/s7060/201712/t20171206_320698.html。

核心价值观教育内容的作用，但是却忽视了学习者自我对知识的理解和建构。有些在线学习系统在学习者学习过程中为了不让学习者中途离开而在学习过程中增加题目测验，这样一来即便学生已经对某一知识点有所掌握也无法快进或者跳过熟悉内容，而不得不按照进度条进行学习，这影响了在线教育的质量。

科学的社会主义核心价值观教育方式应当使教育从"教"向"学"转换，在教育过程中强调学生的自主性，以提高教育质量为出发点，冠以因材施教的个性化教育理念。可根据大学生的专业背景、学习习惯、兴趣爱好等，为大学生设计出符合个人的教育方式，并在教育过程中进行实时调整，优化教育过程。大数据时代针对大学生的社会主义核心价值观教育可以引用自适应学习系统，帮助大学生自主学习相关知识。自适应学习系统能够根据学生每一阶段的能力测评结果，制定出适应学生自身能力状况的学习解决方案，是一种能够精准定制专属于用户个人的动态学习计划的一种学习方式。它是以学生为主体和导向的一种学习系统，学生能够通过这个学习系统根据自身的特点和实际需要制定出适合自己的学习方案，选择与自己知识储备和专业背景相一致的学习内容，在学习过程中根据系统的不断反馈及时调整自我学习，监控学习过程，并实时对自我学习状况进行有效评估，从而获得最佳学习体验。自适应学习是自主学习的一种，学习者能够在系统中充分充当自我学习的主人，获得愉快的学习体验和满意的学习效果。自主学习是个性化教育的一种形式，它对大学生个性的保护和开发有着促进意义，能够使社会主义核心价值观教育真正地从大学生的个性出发，帮助大学生克服自我存在的种种难题，提升学习能力。多年来，国外教育界一直致力于对自适应学习系统的研究，美国在1998年就已经开始对自适应学习系统进行相关科研资助，但在现实中由于技术手段的制约，该系统尚无法精准地判断学生的学习偏好，无法精准地给学生以相关推荐，这一切都需要有例如学习者的学习背景、学习过程等方面的大量数据的支持。所以说，大数据时代的到来给自适应学习系统的建立提供了技术支持。

自适应学习系统主要分为六大部分，分别是内容传递、学习者学习数据库、预测、显示、自适应和干预。系统运作流程为：第一步，产生大学生对社会主义核心价值观的学习行为数据，进入内容传递模块，并将时间记录在案；第二步，将大学生的数据存入学习者学习数据库等待分析；第三步，预测阶段，从学习者学习数据库中采集信息，根据数据类型和分析目的，用不同的分析工具分析数据；第四步，向教育者提供数据的分析和预测结果；第五步，自适应阶段，根据前期的数据挖掘和分析结果，对大学生进行关于社会主义核心价值观学习的指导；第六步，教育者根据分析结果对大学生进行干预。自适应学习系统为因材施教的实现提供了技术平台。

2. 利用大数据可视化支持自主学习

大数据可视化可以使大学生在较短的时间内对学习内容作出理解。数据可视化的目标是把复杂、抽象、模糊的信息简单化、图像化处理，让用户简单明了地明白信息的内涵并将其掌握。社会主义核心价值观内容本身具有抽象性特点，所以需要借助大数据的可视化技术将社会主义核心价值观教育内容具象化，为大学生学习提供方便。基于在线课程的学习将产生大量数据，这为可视化分析提供了大量素材。通过对数据的挖掘分析和追踪，大数据能够以直观的方式让大学生理解和掌握相关信息，为其个性化学习制定方案。为此，在社会主义核心价值观教育中可借助学习仪表盘对信息进行跟踪，利用相关的镜像技术对大学生的学习行为、个人偏好等进行记录，通过分析、量化、可视化以及个性化显示，帮助大学生实现自我学习的个性化定制。

（三）分清问题，分类指导

《高校思想政治工作质量提升工程实施纲要》中指出："要坚持问题导向，注重精准施策。聚焦重点任务、重点群体、重点领域、重点区域、薄弱环节，强化优势、补齐短板，加强分类指导、着力因材施教，着力破解高校思想政治工作领域存在的不平衡不充分问题，不断提高师生的获得感。"[1] 对大学生社会主义核心价值观教育来讲，在教学中坚持差异性原则即分清问题、分类指导的最好诠释，也是社会主义核心价值观教育质量提升的有力保障。在大数据时代的社会主义核心价值观教育中，为教学安排冠以差异性原则的基本做法即分清问题、分类指导。课堂教学是社会主义核心价值观教育的主渠道，高效率是课堂教学所追求的目标。这个高效率的实现依托的是

---

[1] 《中共教育部党组关于印发〈高校思想政治工作质量提升工程实施纲要〉的通知》，教育部网站，http://www.moe.gov.cn/srcsite/A12/s7060/201712/t20171206_320698.html。

让每个学生在课堂教学中能够最大程度地发展。当前我国对大学生进行社会主义核心价值观教育的主要模式仍然是以课堂教学为主，采取班级授课的形式，针对性不强。所以，在课堂教学中要照顾差异，利用大数据技术提升教学有效性。在教学环节中实现差异化教学具体有以下几种做法。

1. 认知前提的准备和学习动机的激发

差异化教学立足于学生个性发展，核心宗旨并不是为了抹平学生的差异，但从客观上讲，大学生之间的差异过大会对社会主义核心价值观的课堂教学产生一定影响。这就需要教育者在教育过程中注重大学生之间存在的认知前提差异和学习动机差异，为社会主义核心价值观教育教学方案的改变等提供参照。

（1）认知前提的准备。大学生在高校的学习是建立在一系列大量带有自身认知特点的已有学习基础上的。美国当代著名的心理学家、教育家本杰明·布鲁姆把某项学习任务所需的必要学习称为"认知前提能力"。学校课程中的大多数学习任务都是按照一定顺序排列的，在这样的一系列学习任务中，每个学习任务都是下一个学习任务的必要学习。他认为，学生在完成各个学习任务上所表现出的差异，都是由在学习新任务开始前就已具有的差异造成的，因此，学生已具有的必要学习的掌握程度对日后的学习有重大的影响。在社会主义核心价值观教育中，大学生之间对社会主义核心价值观内容的理解和认知存在差异，这些差异导致了大学生在日后所接受的教育中对教育者所教授内容的理解和认同的不同。用现代认知心理学来理解，有意义的学习过程是原有知识同化新知识的过程，大学生原有的知识状况，特别是对基本原理和概念的掌握情况，也就是认知结构水平，直接影响新知识的学习，影响知识技能的迁移。如果在教学开展之前，帮助一些本身不具备社会主义核心价值观理念的学生具备必要的认识前提，就有利于在课堂教学中缩小学生之间的差距，提高社会主义核心价值观教育的质量和有效性。

在大数据时代，利用大数据技术对大学生的知识结构和认知水平的相关数据进行挖掘和分析，能够获知大学生对社会主义核心价值观的认识情况，从而对认知不足的大学生进行重点教化，使之与其他具有高度认知的大学生之间的差距缩小，这将有助于教育效果的提高，增强大学生对社会主义核心价值观的认同度。对大学生行为与思想进行数据量化并可视化分析，也是给大学生本身提供认知前提。

（2）情感前提和学习动机的激发。大学生在社会主义核心价值观的学习进程中，除了存在认知方面的差异，通常在情感上也有不同。有的学生对社会主义核心价值观教育内容很感兴趣，愿意学习；有的学生将社会主义核心价值观的学习看作一项义务和要求；有的学生则对社会主义核心价值观内容有抵触情绪。布鲁姆把学生参与学习积极性的高低称为学习的"情感前提特性"。它受对特定的学习课题所持的情感态度、对学校的态度、对学习的态度以及对自身的态度的制约。

布鲁姆认为，在一系列学习任务中，学生是带着与新任务有关的、以前的学习经历而进行学习的，在某项学习任务完成时的情感特点，可在后继学习中反映出来，并对学习产生积极或消极影响。具体而言，在一系列任务学习中，学习任务 1 时，因学习成功而获得满足感的学生，受到学习成功的激励，信心大增，在情感方面会为学习任务 2 做好积极准备；反之，则会消极应付。那些带着兴趣和热情进入后继学习的学生明显在社会主义核心价值观学习过程中比消极应付的学生理解更容易，接受速度更快。

在学习情境中，动机的产生不仅是为了满足个人的发展和情感需要、社会发展的需要，还有赖于学生的期待。在培养大学生树立社会主义核心价值观的教育中，还应该开展大学生学习目的的教育。如果大学生在学习中不具备情感前提和内在的学习动机，教育者就要激发学生的动机。为此，教育者可以利用大数据技术的预测性功能对大学生的行为进行预测，勘测出大学生是否在社会主义核心价值观学习过程中具备学习动机，找准大学生不具备动机的原因和影响因子，对其进行精准激发，从而使社会主义核心价值观教育转变为大学生的内在需要。

2. 教学内容的调整和组织

社会主义核心价值观的"24 字"极为凝练和抽象，这就需要教育者在教学过程中对其进行展开，如此一来，对教学内容的安排也应该具有差异性，这样可以保障大学生在接受社会主义核心价值观教育的过程中有所侧重。教育内容的调整可围绕以下几个方面进行，即内容的量和范围、内容的深度和难度、内容的安排顺序和进度等。

影响教学内容的因素有教学大纲、教学目标、教育者的个人倾向、学生水平等，其中最重要的一点是学生水平。在当前大班授课的教育模式下，不同能力水平的学生被集中在一起接受同样的教育，就会出现有的学生喜欢而有的学生抵触的现象。因此，在社会主义核心价值观教育中，教育者要根据不同学生的能力水平，按照他们的不同学习目标，选择适合他们的学习范围和学习内容的数量。对那些对社会主义核心价值观学习产生困难的学生，应着重帮助他们做好相关内容的学习。

教育内容的难度和深度与知识的内容层次和抽象的程度相关。对于较难理解的抽象的内容，要求大学生具备相关学科知识背景，整体而言，不具备相关学科知识背景的大学生在对有深度和抽象的知识的理解上必然会存在一些困难，但是有调查研究表明，只要给予这些学生充分的时间，他们便可以将原本不能够接受或者不能够理解的内容消化。当然，教学内容的难易和是否抽象与教育者本身也存在联系。这就需要教育者在教学过程中加强对抽象概念的解释，以直观的教育方式对原本抽象的概念进行讲解。教育者应该给学生提供生动的形象信息，减少大学生对社会主义核心价值观的学习障碍。

确定教学的进度和顺序，是课堂教学中的重要决策，学习内容的范围和深度在很大程度上也决定了教学的顺序和进度。教学顺序是指在教学系列活动中各项活动应具有的关系。教学进度反映了教师处理一系列教学内容的方法。如果在社会主义核心价值观教学中，教育者有很多内容要讲授给大学生，那么授课节奏就会加快，这样会影响接受理解速度慢的学生的学习体验。在教学进度的安排上所采取的手段应是整个班级进度一致，而教师在个别学生身上所花的时间有长有短。

在教学内容的调整和组织方面可以充分借助大数据的数据分析和处理手段，将大学生的相关信息以及教育者的相关数据量化并可视化，使之能够一目了然地表现出问题，从而据此对相关教学内容进行摸排，了解大学生的水平，及时调整教学内容和教学安排。

3. 教学过程兼顾不同学生的需要

（1）各个教学环节应兼顾不同大学生的需要。教学环节是教学过程展开和发展的基本程序，教育者应在教学的各个环节都兼顾学生的需要。这就要求教育者在课程的内容设计方面下功夫，有意识地照顾接受和理解能力薄弱的大学生，充分考虑其认知水平和认知速度。在教学之前可以用大数据的分析结果对具有共性的问题进行着重讲解，对具有差异化个别性的问题在教学方案的设计方面进行侧重。重视教学每个环节对大学生的影响。

（2）教学手段应灵活多样。在教学中兼顾不同学生的需要就要求采取灵活多样的教学手段。每种教学方法究其本质来说都是辩证的，它们都有可能有效地促进大学生对社会主义核心价值观的学习，也有可能成为大学生学习的阻碍。为适应不同学生需要，教学应采取灵活多样的教学形式，根据大学生不同的年龄、心理特征、思维习惯、知识构成和专业背景等选择相适应的教学手段。

（四）协同联动，强化责任

《高校思想政治工作质量提升工程实施纲要》中指出："坚持协同联动，强化责任落实。加强党对高校思想政治工作的领导，落实主体责任。"[1] 在坚持教育资源共享性原则基础上实现对教育资源的协调联动，强化高校管理责任是关键。具体有以下几种做法。

1. 树立教育资源共享意识

首先，要求高校管理者树立教育资源共享意识。尽管大数据时代在社会全方面变革的同时，人们的思维也跟随着时代的变化有相应的调整，但是具体到某一方面来讲，多数管理者在管理上仍旧欠缺大数据意识，主要表现为教育资源意识不足。教育资源所牵涉的内容诸多，依照本书的核心主旨，本书中所讲的教育资源特指大数据资源。但大数据资源的内容也不单单指大数据，大数据的来源广泛，包含的数据种类繁多，对于大数据资源共享来讲，教育中的其他资源也不容忽视。所以，贯彻教育资源共享也要相应地对人力资源、设备资源等相关资源进行考量。资源共享涉及的是全体利益，因此高校在教育资源共享时应当减少各组成部分因利益分配问题而产生的矛盾，合力推动大数据教育资源共享的实现。其次，高校管理者应当认清共享的价值，而不是对其进行抵触。目前，我国具备大数据分析技术的高校数量逐渐增多，但是大数据资源共享程度并不高，各自为政的数据研究和开发造成资源的巨大浪费，产生这种现象的各种原因兼有，其中之一即高校管理者不具有共享意识，对共享持保守态度。这既不利于

---

① 《中共教育部党组关于印发〈高校思想政治工作质量提升工程实施纲要〉的通知》，教育部网站，http://www.moe.gov.on/srcsite/A12/s7060/2021712/t20171206_ 320698.html。

技术的进步，也不符合大数据的内涵。高校管理者要转变态度，将数据资源的共享看作实现双赢或者多赢的模式，高校在给别的学校提供资源的同时，也能够扩展自身数据，将数据的种类增加，增强研究结果的科学准确性，提升资源的利用效率。

2. 建立政府主导的教育资源配置机制

教育资源的配置指的是由政府主导将资源分配给社会各个组成部分，以保证资源的有效利用和社会正常运转。而政府主导资源配置为资源合理利用和坚持正确政治方向提供了有效保障。政府应在配置教育资源时采取相关措施、制定方案，在顶层设计方面确保配置机制的方向和原则正确。现代社会在资源配置方面具有两种形式，一是计划配置，二是市场配置。在计划配置中政府是决策者，决定资源配置的方式，对资源配置施加政策。市场配置是将资源置于市场大环境中，通过市场竞争配置资源。对于教育资源的配置，应建立政府为主、市场为辅的配置政策，以便进行大数据资源配置。而建立计划配置就要打破政府以及高校管理部门对资源的"所有制"限制，实现资源共享。从当前教育管理现状来看，高校在教育资源配置方面存在各自为政和部门所有的现象。高校内部各个职能部门常常处于分散状态，缺乏合作，共享性不高，从而在资源配置上存在不均衡状况，这会增加内耗，制约社会主义核心价值观教育整体水平的提高。当今世界没有哪个国家可以成为发展的孤岛，没有哪个国家可以脱离于别的国家单独发展，社会主义核心价值观教育同样如此。大数据时代的特征之一便是共享，大数据之所以具有大的价值就因为其包含海量数据，能够使分析者从数量众多的数据中找到事物之间的相关关系，做出精准预测。在社会主义核心价值观教育中，高校之间以及高校各个管理部门之间是一个相互依赖的统一体，没有哪个高校或者部门能够脱离于其他而独立存在，在解决具体问题时，高校之间和各部门之间只有相互协作，才能够节约时间和成本，才能够通过信息与资源之间的共享，完好地将问题解决。因此，要建立政府主导的资源配置机制，发挥顶层设计优势，使具备大数据资源的高校将数据资源与其他高校进行共享，形成相互促进、相互扶持的合作关系，加强我国大学生社会主义核心价值观教育建设。

在教育资源的使用上，各高校之间要积极利用已有数据资源，提高对已有资源的利用效率，实现优化配置。教育资源虽然有归属，但是教育资源的利用却可以打破归属，若将教育资源置于共享平台，开放使用权限，教育资源便成了无使用边界的共享性资源。在教育资源的使用上，管理者和管理部门要具备动态意识，让资源流动起来，让其流向最需要的地方。为此，各高校的管理者和管理部门要为资源的流动建立通道，提供条件。例如在大数据平台的使用方面，高校应当将具有共性的成果予以展示，让其他高校能够从共性中找到解决自身发展困境的思路。高校之间要努力实现信息平台的使用对接、科研设备的整合共享。在政府主导教育资源配置下，共享理念的树立与大数据的应用将会给大学生社会主义核心价值观教育带来崭新的机遇。

（五）结合兴趣，联系实际

坚持教育内容的动态性原则要求在教育中将教育内容与实际充分结合，跟随实际的变化而变化，因此，在实践中要结合大学生自身兴趣，联系并掌握客观实际，助力教育内容的实时更新和教育的动态性发展。坚持教育内容的动态性原则所要求的内容与实际相结合并不是说教育内容可以和一切实际相联系，也不是说要把教育内容简单地局限于小范围的实际，而是首先应该廓清教育内容要联系什么实际，要明确教育内容要联系哪些实际。在大学生社会主义核心价值观教育中，大学生既不是孤立存在的个体，也不是游离于社会大环境之外的群体，所以，社会主义核心价值观教育所联系的实际不仅包括联系大学生自身的实际，还包括联系国内外形势环境变化的实际和大学生所关心的社会主义现代化建设的实际。

第一，要联系国内外发展变化的实际。宏观环境影响中观与微观环境的变化，从国际形势出发来看，当前全球急速向多极化方向迈进，互联网的兴起使世界联系相对以往更加紧密，进入大数据时代，社会全方位都在发生变革。这不仅改变着经济发展方式，还在思想文化领域掀起了一场前所未有的猛烈浪潮。各种思想相互交织在给本土文化思想带来新的机遇的同时也带来了挑战。从国际层面来讲，国外敌对势力从未放弃过对我国实施"西化""分化"的政治图谋，互联网给国外敌对势力提供了新的渠道来对我国进行价值观渗透。从国内层面来讲，随着全面深化改革的不断行进，社会一切元素都跟随改革的脚步发生变化。大学生在这样的时代更具有独立自主性，其体现的价值观特点与以往其他时期青年既有联系又有区别，大数据给教育提供了崭新的路径选择，为实现因材施教提供了技术支持。

第二，要从大学生普遍关心的现实问题着手，使教育内容联系实际。在社会主义核心价值观教育中应利用大数据分析和解答当前我国社会发展面临的突出问题，特别是与大学生息息相关的如住房、就业等问题。这些问题与大学生的利益相关性高，从而能够引起大学生普遍的关注，教育者易于从这些问题出发找到大学生与社会主义核心价值观教育的现实契合点，从而更好地给予大学生引导。

第三，教育内容要联系大学生的思想实际。思想指导行为，只有将教育内容与大学生思想实际结合起来才能真正地做到使社会主义核心价值观内容在大学生中入脑、入心。当前，大学生存在理想信念迷茫、抗压能力差等问题。互联网带来海量信息，大学生在这些信息面前往往无从选择、难以明辨是非。基于此，必须利用大数据密切地关注大学生的思想实际，用社会主义核心价值观内容引导大学生正确分析和理性评价社会存在的各种问题，让大学生拥有鉴别是非的能力，这样才能达到理想的教育效果。然而，联系实际并不是简单地与实际相连，教育者还要做到如下几点。

其一，教育内容联系实际中的实际需要具有典型性和针对性。在社会主义核心价值观教育中，联系具有典型性特征的实际，容易使教育内容生动活泼，并且也能够使其在众多教育内容中有较高的理论识别度。联系实际的实际也应该具有针对性，要能够切入问题要害，易于使学生接受。但用具有典型性、针对性特征的实际来说明普遍真理并非易事，所以在教学中要抓住重点，找准矛盾点，有的放矢。其二，要全面地联系实际。在社会主义核心价值观教育中，社会主义核心价值观除"24字"所涉及领域外还与中华优秀传统文化、大学生日常生活等息息相关，所以，在教育中应将社会主义核心价值观所涉及的全部实际呈现在大学生面前。只有全面地予以呈现，才能将所要表达的内容清晰明了地讲透彻。其三，要将正面例子作为教育内容联系实际的实际案例，避免负面案例带来的消极情绪。因大学生还未具有完备的鉴别能力和坚定的信仰，所以当社会主义核心价值观教育涉及的负面例子较多而充满负能量时，大学生容易受到负能量感染而对社会主义核心价值观教育本身丧失兴趣或者对所涉及的内容报以偏见。所以在教育中，要以积极的案例引导大学生，通过正面教育使大学生充满正能量，从而使其拥有理论自信。

第四章　大数据时代我国大学生社会主义核心价值观教育路径探析

2013 年，中共中央办公厅印发的《关于培育和践行社会主义核心价值观的意见》中指出，培育和践行社会主义核心价值观要"坚持联系实际，区分层次和对象，加强分类指导，找准与人们思想的共鸣点、与群众利益的交汇点，做到贴近性、对象化、接地气"①。大学生社会主义核心价值观教育是长久的系统工程，在大数据时代，只有将大数据与我国大学生社会主义核心价值观教育路径相结合，才能够在时代变化中找到社会主义核心价值观与大学生的思想共鸣点、利益交汇点，才能做到有贴近性、对象化和接地气。本章从路径角度出发，将教育理念、教育机制、教育方式方法、教育评价四部分与大数据相融合，探索大数据时代我国大学生社会主义核心价值观教育路径。

一　推动大数据意识融入教育理念，使教育理念由传统向大数据转化

理念的转化预示一种新事物的诞生与进步。大数据时代背景下的大学生社会主义核心价值观教育不仅是教育技术的更新，而且是大数据教育理念应用的结果。我们在应对大数据带给人类进步以及社会主义核心价值观教育的挑战的同时，也必然要接受大数据所带来的思维变革。大数据时代井喷式增长的数据背后是网络社会的日臻成熟，网络的快速发展要求大学生社会主义核心价值观教育既要顺应时代潮流，摒弃过时的教育理念，又

---

① 《中共中央办公厅印发〈关于培育和践行社会主义核心价值观的意见〉》，教育部网站，http：//www.moe.gov.cn/jyb_xwfb/s5147/201312/t20131224_161114.html？eqid=c65882ea0 00503ab0000000664741669。

要在新的时代背景下坚定正确的政治方向，实现良好教育效果。如此一来，会使大学生社会主义核心价值观教育进程艰巨。因此，在大数据时代，要使社会主义核心价值观占领大学生价值观的高地，就必须把握大数据时代的特征，与时俱进，将大数据与大学生社会主义核心价值观教育紧密结合，将大数据深入透彻地运用于大学生社会主义核心价值观教育中，使教育理念由传统向大数据转化。为此，在大数据时代，大学生社会主义核心价值观教育理念转化过程应当树立大数据资源意识、大数据价值意识、大数据思维意识以及大数据运用意识。

（一）树立大数据资源意识

计算机的应用使人们的思维和行为变成了可被机器捕捉与量化的数据，这是大数据时代产生与发展的前提。互联网的发展也促使大数据产生革命性变革，使其从最初的构想变为了现实。随着互联网的发展，新的技术例如移动互联网、物联网、云计算应运而生，在加快了信息在社会生活各方面渗透的同时，也加快了数据的产生，海量数据呈爆发式增长。当人们开始关注大数据的时候，其巨大的价值也终将被发现，数据资源的挖掘与利用也将成为最热门的技术。

大学生社会主义核心价值观教育形成共同参与的局面需要调动各方资源，发挥各资源优势以形成合力。高校作为培育国家未来之人才的重要阵地，应一直与社会发展前沿保持一致，目前来看，高校在信息化建设中也确实取得了巨大进步，建设速度迅速。各高校目前积极推进的"智慧校园"工程，为大数据在高校中的运用提供了基础。数据资源目前已成为重要资源而被各行业各领域广为开发与利用，对于高校更不例外，它与高校的人力资源、管理资源、教育资源等一道成为对高校极具价值的战略性资源。面对新时代对高校所提出的新要求、新挑战，高校作为大学生社会主义核心价值观教育的主阵地，理应且必须树立数据资源意识，努力利用数据资源为社会主义核心价值观教育创造条件。做好教育工作也需要统筹各方资源，高校应调动一切可以调动的力量来为社会主义核心价值观教育服务，利用大数据实现资源的合理配置，开创大学生社会主义核心价值观新局面。

首先，要树立数据资源的全面性意识。2013年，中共中央办公厅印发的《关于培育和践行社会主义核心价值观的意见》中指出："积极培育和践行社会主义核心价值观，对于巩固马克思主义在意识形态领域的指导地位、巩固全党全国人民团结奋斗的共同思想基础，对于促进人的全面发展、引领社会全面进步，对于集聚全面建成小康社会、实现中华民族伟大复兴中国梦的强大正能量，具有重要现实意义和深远历史意义。"① 由此可见，社会主义核心价值观所牵涉的人员与内容众多，在高校场域内，实现社会主义核心价值观的培养目标需要集结高校全部资源，使各高校资源之间形成综合效应。因此，在人员方面，无论是管理人员、教师还是学生都应该被纳入大数据资源范围，用大数据对其进行全面覆盖。在教育过程方面，需要利用大数据实现党政管理、教育教学、学生事务、后勤保障等的全覆盖。通过对人员与资源的数据收集和把握，高校能够将全部资源都纳入社会主义核心价值观教育中来。通过挖掘和分析全部数据，高校可方便快捷准确科学地了解全体人员的思想、行为状况和特点。高校大数据来源于高校全体人员在网络上留存的行为和思维轨迹，分析这些思维和行为轨迹，进而掌握行为与思维所有人的特点，能够为社会主义核心价值观教育目标、方式方法的制定提供客观依据，同时，这一技术的运用也使社会主义核心价值观教育可遵循教育者与受教育者的发展规律。依托海量数据基础，社会主义核心价值观教育可根据不同的学生个体需要，构建出适合各个学生的模型，通过对数据进行挖掘、筛选、可视化表达等，形成大数据分析结果。

其次，要树立数据资源的接续性意识。大学生成长本身就是一个动态变化的过程，大学生的行为习惯和思维水平也会受到大学之前、当前生活的影响，随即影响其未来。同时，社会主义核心价值观教育也因大学生状况的不同以及所处阶段的不同表现出不同的特点。那么对大学生的数据资源收集也必须具有接续性意识，建立纵深空间，使数据既包含曾经，也包含现在，从而能够预测未来。从教育者与大学生角度来说，数据资源要包含教育者的从教与专业培养经历和大学生在大学阶段的全过程。从教育组织部门角度来说，数据资源要包含高校历史与现实数据以及未来的发展规划数据。通过对这些接续性数据的挖掘与分析，社会主义核心价值观教育才能被置于整体的、全过程的视域中。从历史的角度出发，了解过去才可

---

① 《中共中央办公厅印发〈关于培育和践行社会主义核心价值观的意见〉》，中国政府网，http://www.gov.cn/zhengce/202203/content_3635148.htm。

以更加准确地判断未来。

最后，要树立大数据资源的广泛性意识。大学生本身置身于复杂而又广泛的社会中，社会主义核心价值观本身也具有广泛而又复杂的内容。这些特征使大学生社会主义核心价值观教育极易受到多种因素影响和制约。同时，社会本身具有丰富的数据资源，树立大数据资源的广泛性意识可为大学生社会主义核心价值观带来丰富的理论支撑。社会主义核心价值观教育需要不断地将高校的数据通过与外界数据的连接来进行延伸，以获取新鲜资讯，快速找到社会与大学生的交汇点。这就需要在数据收集时注重数据来源的广泛性，在政府、家庭、企事业单位和高校师生之间建立桥梁，为大学生社会主义核心价值观教育构建广泛渠道，全方位、立体化地开展教育。只有具有广泛性特征的数据，才能显示大数据的大价值。

（二）树立大数据价值意识

关于大数据具有巨大价值的意识随着数据技术的发展逐步觉醒。正如维克托·迈尔·舍恩伯格在其著作《大数据时代》中指出，"它（数据）的真实价值就像漂浮在海洋中的冰山，第一眼只能看到冰山一角，而绝大部分则隐藏在表面之下。"[①] 在大数据时代，面对大数据的巨大价值，大学生社会主义核心价值观教育要树立大数据价值意识，借助于技术解决现实问题。

其一，要树立大数据的政治价值意识。网络给予人们便捷的同时，也对国家意识形态带来了冲击。各种信息充斥网络，各种西方思潮不断地通过网络涌进我国，而技术本身并不具备政治倾向性，在持什么政治立场的人手中便会具有什么样的政治性。大学生作为最易接受新鲜事物与思想的群体，极易受到西方以及我国本土错误思想的影响，面对海量信息，大学生也容易丧失判断力。因此，要树立大数据的政治价值意识，确保大数据被用于我国意识形态建设。大数据通过对海量数据的挖掘与分析，可分析出哪些因素影响我国意识形态建设，哪些因素与我国社会主义核心价值观教育不符，从而帮助大学生社会主义核心价值观教育确立正确的政治导向。

---

① 〔英〕维克托·迈尔·舍恩伯格等：《大数据时代——生活、工作与思维的大变革》，浙江人民出版社，盛杨燕等译，2012，第147页。

同时，也可利用大数据来维护意识形态安全，凸显大数据的政治价值。

其二，要树立大数据的社会价值意识。大数据的到来扭转了社会各个要素的发展进程。它将社会的发展与进步置于全新的生长维度，也使人们对自身的历史发展规律有了全新的认识和把握。大学生社会主义核心价值观教育要适应大数据的发展规律，在内容与方式方法、理念等方面展现社会现实，以切合大学生自身的内容来引导大学生，从而促进社会进步。

其三，要树立大数据的个人价值意识。网络使大学生的成长成才不再固定于现实生活，而是增加了线上生活环境。在开放的网络环境中，网络环境的各种新鲜要素对大学生思想与行为都会产生影响。通过利用大数据对大学生的思想行为信息进行发掘分析，大学生的个人需求可被觉察和了解。大学生社会主义核心价值观要满足大学生的个人需求才能够获得认同，才能使教育收获更好的效果。个人价值的实现是需要产生的前提条件，所以要树立大数据个人价值意识，彰显个人价值。

（三）树立大数据思维意识

面对大数据给人类社会带来的巨大变革，如果没有大数据意识，将很难适应社会的发展。所以面对汹涌奔来的大数据浪潮，开展大学生社会主义核心价值观教育要具有大数据意识，教育者要在思维方面与大数据接轨，吸纳新鲜事物和内容，为教育带来新的范式。

第一，大学生社会主义核心价值观教育要具备整体性思维。就社会主义核心价值观本身来讲，其牵涉内容众多，"24字"涵盖的意义极其深远。就教育来讲，教育是一个系统工程，它不仅包含学校管理、教育教学、学生工作、后勤保障等，还包括国家、社会与个人的相关因素。同时，教育也是一个极其复杂的过程，它不仅受校园内部的影响，也受外围社会的影响，它不仅要衡量教育者的教育水准，而且还要考虑学生个体可教程度，它不仅要将专业知识传授给大学生，还要教导学生学会如何为人处世。面对复杂的各个要素，需要具有社会主义核心价值观教育的全局意识和整体性思维。大数据为整体性思维提供了条件。首先，大数据的数据来源为全体，这也就意味着它所涉及的要素涵盖教育所有环节。其次，大数据能够掌握相关关系，各要素之间内在关系得以被挖掘和量化，从而能够使其成为整体。

第二，大学生社会主义核心价值观教育要具备动态性思维。综观大学生社会主义核心价值观所涵盖的基本要素，社会主义核心价值观需要不断地实践才能强大，与此同时，社会主义核心价值观教育也要跟随时代的进步而发展，它会因环境不同、对象不同、内容不同而具有不同的姿态。大学生在社会的发展中更加呈现动态化。互联网带给人们的不仅是海量信息，而且是迅速变化的时代习惯。无论是舆论焦点还是技术都呈现日新月异的景象。面对此种情况，社会主义核心价值观教育需要抛弃以往一成不变的模式，主动适应时代需要，结合因时代变化而变化的教育者与受教育者的特点和需求，创新方法，秉持动态性思维，推进社会主义核心价值观教育。大数据对变化具有超强敏感性，任何变化都可直接导致数据分析结果的改变。因此，借助于大数据对变化的强大捕获能力，可将结果可视化呈现。这也为动态性思维提供了技术支撑。树立动态性思维，通过数据的变化实时掌握大学生的现实状况，及时干预并给予大学生可行的解决措施。这些都改变了传统教育模式，凭借经验教学的方式和手段在大数据来临时走下了历史舞台，动态性思维提升了教育的主动权。

第三，大学生社会主义核心价值观教育要具备对象性思维。价值观教育的根本目的是让学生将教师所授内容更好地理解、掌握、学以致用并转化为自我价值追求。教育工作的一切根源和归宿都是大学生。大数据所依托的互联网带给人们的不仅是一种崭新的技术，更是一种思维的变革，其核心即对象性思维。在这样的背景下，大学生获取信息的渠道变多、变广，大学生的独立意识比以往更强，这要求教育改变传统的灌输式教育模式，尊重大学生个体的独立性，激发其主观能动性。这就要求教育具备对象性意识，从教育对象角度出发，不断地优化教育内容、改进教育方法，以人为本，实现因材施教。大数据的数据来源决定它可以真实地反映研究对象的想法。大学生社会主义核心价值观教育利用大数据技术，实现对教育者与受教育者的分析，这种分析为教育的开展提供了基本依据。可利用大数据对研究对象的精准测量，从教育内容出发，通过教育方式方法、教育方案等对受教育者进行教育，充分满足受教育者的情感与实际需求，提高大学生对社会主义核心价值观的认同，增强教育效果。同时，也可以利用大数据按照不同年龄、性别、兴趣爱好、群体、层次对大学生进行差异化教学，使教育更加凸显对象性。

（四）树立大数据运用意识

目前，大数据已经不仅仅是一种技术手段，而更多地被作为一种价值观和方法论来指导人们实践。所有技术的产生无一例外地都需要运用才能够体现其价值。大数据变革社会全领域，给一切都带来了崭新的机遇，教育也不例外。大数据解决了传统教育中无法解决的现实难题，为教育更加贴近学生、更加以人为本提供了崭新的路径。通过运用大数据技术，社会主义核心价值观教育可增强教育的科学性和实践性，也能够更加突出大学生的主体性，这也使教育进入可量化阶段。大数据的数据来源于人们的日常生活实践活动，社会主义核心价值观教育的核心要义要以社会主义核心价值观为指导，那么在运用大数据的过程中，就要在马克思主义理论和社会主义核心价值观框架内体现大数据的工具价值。大数据技术的出现为解决传统教育不能将大学生个体化，不能及时了解大学生所思所想，不能及时纠正教师教条主义等长期以来众多饱受诟病但又无力解决的现实难题提供了思路。对"样本＝全体"的海量数据的挖掘分析和处理，使教育者可以从最宏观的角度来掌握大学生整体的思想特点、思维走向、行为习惯、相互关联要素等信息，从而更加科学、精准、有效地使教育进入全面覆盖的新阶段。此外，运用大数据技术也可以对曾经无法触及或者被忽视的个体的数据进行分析，这样就使教育的针对性和有效性得到提高和保证。

从教育者与受教育者角度来讲，从教育者角度出发，教育者是大学生社会主义核心价值观形成的关键，在社会主义核心价值观教育中，作为教育主导方的教育者本身必须对社会主义核心价值观内容具有深刻的理解，并能够熟练运用，同时，教育者要具有坚定的马克思主义理想信念和巨大的知识储备，从而确保教育者能够将社会主义核心价值观完好消化并能够结合多学科将其呈现和融入教育内容中。大数据时代本身也对教育者提出了新的要求。面对不同于以往的大数据环境，教育者如果不能熟练运用大数据技术，那么在大数据时代中就无法使教育与时代进程相一致，也就无法解决传统教育中的教育难题，所以，教育者必须适应时代新发展，树立大数据运用意识，具备大数据运用思维，培养大数据运用技能，切实将大数据作为提升社会主义核心价值观教育效果和提高自身教育能力的工具。教育者要利用大数据拓展教育视野、认识教育对象、完善教育内容、改进教育方法、提升教学水平。

从受教育者角度出发，大数据在教育中的运用获益最大的无疑是受教育者。大数据可从整体把握受教育者的动态，这样不仅可以避免教育内容更新不及时导致的教育者与受教育者之间时间脱节的问题，而且也可以避免受教育者个体性、主体性被忽视的问题，凸显大学生的差异性，也可以让受教育者本身通过大数据看到自身存在的长处与短处，取长补短，及时改进在自己受教育与社会实践活动过程中存在的问题，从而更好地培育和践行社会主义核心价值观。

二　运用大数据管理教育机制，使教育机制由片面向全局转化

机制是指各要素之间的结构关系和运行方式。在社会学中，机制是指在正视事物各个部分的存在的前提下，协调各个部分之间的关系以使其更好地发挥作用的具体运行方式。大数据时代，在大学生社会主义核心价值观教育中教育者不能够仅仅局限于对数字的追求而犯"只见树木不见森林"式的错误，而应该通过对机制的管理来集结全方位各要素之间的力量使大学生社会主义核心价值观教育的各个部分有效地衔接起来，形成社会主义核心价值观教育的合力，为大学生社会主义核心价值观教育服务。在传统社会主义核心价值观教育中，从教育管理者到教育实践者以及教育接受者无不忽视了对教育中各个要素之间相互关系的把握，从而往往将教育推进片面化、机械化的误区中，使社会主义核心价值观教育收效甚微，只有从整体的角度出发，才能够为大学生社会主义核心价值观教育带来动力，所以，大数据时代我国大学生社会主义核心价值观教育机制需要从传统片面向全局转化，这要求在教育中建立大数据决策机制、大数据控制机制、大数据运行机制和大数据保障机制，来为大学生社会主义核心价值观教育服务。

（一）建立大数据决策机制

大数据时代，我国正步入学习型社会，现代化和国际化进程正在加速，结合大数据对社会各方面的冲击来看，传统的教育管理已经不再适用于新时期教育发展的需要，这就需要构建适应大数据时代的社会主义核心价值观教育管理体系。大数据的运用不仅是一种运用技术的过程，而且是一个将大数据与各方教育资源合理配置的管理过程。

西蒙认为："正如行动的任务贯穿于整个组织一样，决策的任务也贯穿于整个管理组织中，二者紧紧地交织在一起。一般的管理理论必须包括能够确保做出正确决策的组织原则，正如它必须确保有效地行动的原则一样。"① 决策是对管理过程要达到的目标的预定，是管理的起始环节，对整个管理过程起直接的制约作用。对大学生社会主义核心价值观教育而言，要坚持党的领导，就是要使高校管理部门运用大数据引领大学生社会主义核心价值观教育。高校作为国家意识形态建设的重要阵地，必须坚持以马克思主义为指导，坚持党的领导以及中国特色社会主义办学方向。大数据的运用也必须在高校管理部门的决策下实施。高校管理部门要承担大数据运用的顶层设计工作，从宏观角度出发，在保证社会主义核心价值观教育政治方向始终正确的同时运用大数据。

高校应建立大数据与大学生社会主义核心价值观教育相结合的决策机构，在秉持中央精神的同时，建立以学校党委为首、各级组织部门为辅的社会主义核心价值观教育工作领导小组，具体负责社会主义核心价值观教育的方案制定、组织实施、评价考核等工作。工作领导小组应结合时代发展的新形势，集结学校例如信息化办公室、信息中心等部门，将大数据与大学生社会主义核心价值观教育相结合，总体呈现工作领导小组负责工作发展方向、各部门负责工作具体实施的格局。应使各个部门之间在决策问题的确定、决策方案的拟定、决策方案的评价和决策方案的选择这一系列决策程序上相互协调，在程序中建立相应的大数据执行标准、运用规范等。在团队建设上，学校管理部门要组建一个教师与大数据技术人员相结合的教育团队，为大学生社会主义核心价值观教育开创新的模式，探索新的道路。

高校还应制定大数据与大学生社会主义核心价值观教育相结合的发展规划。在决策制定中，应该利用大数据的海量数据分析，得出各方要素之间的相关关系从而精准预测结果，给出可行性研究报告的技术特征，制定大学生社会主义核心价值观教育的实施方案，方案还可根据大学生的实时反馈进行及时调整。应利用大数据精确分析社会主义核心价值观教育实施方案的科学性、精准性，提高高校领导干部的决策能力，诸如发现问题的

---

① H. A. Simon, *Administrative Behavior, Fourth edition*(New York: The Free Press, 1997) , p1.

能力、正确运用管理技能的能力、收集和分析信息的能力、面对决策风险的心理承受能力、全过程思考的能力等，避免因为决策者的能力限制而造成的短视甚至错误的决策。

（二）建立大数据控制机制

著名管理学家法约尔认为，控制就是核实所发生的每一件事是否符合所规定的计划、所发布的指示以及所确定的原则。其目的是指出计划实施过程的缺点和错误，以便加以纠正和防止重犯。控制在每个人、每件事、每个行动上都起作用。[①] 有管理就有控制，控制是管理过程中的一项重要职能，管理的成败在于是否实施有效的控制。大数据在给社会带来机遇的同时，也给社会多方面带来挑战。技术是把双刃剑，它既能够为社会主义核心价值观教育保驾护航，助推其发展，也能够带给大学生以及高校各类事务以困难。信息、个人隐私的泄露已不止一次发生，这给大数据运用带来了消极影响。因此，大数据控制机制的建立是大学生社会主义核心价值观教育积极健康发展的重要保障和前提。

大数据的控制机制必须建立在对大数据基本特征以及社会主义核心价值观熟练掌握的基础之上，其通过对大数据以及社会主义核心价值观教育进行分类，有针对性地进行控制。从大数据角度来看，大数据所包含的数据从结构来划分分为结构化数据、半结构化数据以及非结构化数据；从数据所涉及范围来划分分为全局数据与局部数据；从数据开放性来划分分为隐私数据与公开数据；等等。这样依据数据性质进行的数据分类可使控制更加便捷。因控制对不同的对象具有不同的要求，也会因不同的对象而采取不同的手段，所以大数据控制机制应从制度、技术、人员、硬件设施等方面来建立。一方面，应当对数据的开放性进行控制，尤其应当注意隐私数据的保护。隐私数据所涉及内容具有高价值，因而对其进行保护也承担着高风险，一旦泄露，会使隐私数据的持有者陷入被动不利的局面，这也会危及社会主义核心价值观教育。其隐私数据的控制应当从数据挖掘开始，传输、存储、使用等的全过程都应当置于其控制之下，以保障隐私数据的

---

① 〔法〕亨利·法约尔：《工业管理与一般管理》，周安华等译，中国社会科学出版社，1998，第 119 页。

绝对安全。在人员配置方面，也应当使数据技术人员建立隐私数据保护意识，对接触数据的人员进行筛选，严格规范隐私数据的挖掘和使用。对涉及隐私数据的机器设备，也要有专门的管理条例，确保机器设备的安全使用。另一方面，应当对全局与局部数据进行控制。与隐私数据所牵涉的问题一致，大数据本身的技术特点容易导致隐私数据的泄露。随着数据量的不断扩大，所牵涉的研究范围越来越广，那么必然会增加隐私数据的暴露风险。因此，在进行局部与全局数据分析的同时，也应该遵循隐私数据保护机制，对数据进行管理，确保信息安全。大学生社会主义核心价值观教育的主体是教师与大学生，教师与大学生无论哪一方的数据缺乏控制或者信息泄露都会影响教育的开展，这不符合社会主义核心价值观的基本要义，所以，大数据控制机制的建立是利用技术趋利避害的手段之一，也是确保技术正常发挥作用、推进社会主义核心价值观教育的基本路径。

（三）建立大数据运行机制

大学生社会主义核心价值观教育所牵涉的方面众多，它不仅涉及课堂教育环节，例如思想政治理论课教学，还涉及校园文化建设、社会实践、学生事务、后勤保障等方面。面对如此繁杂、牵涉面广泛的社会主义核心价值观教育，就需要以大数据完整覆盖教育全过程。大数据运行机制的建立为教育的实施提供了技术保障。首先，建立大数据运行机制需要先建立多方合作机制，整合多方资源，例如建立政府与高校、高校与大数据技术公司或者网络运营商的沟通桥梁等，通过彼此间沟通桥梁的建立，促进彼此合作，实现数据资源共享，从而优化整合大学生社会主义核心价值观教育资源。其次，大数据的运行机制建立在数据的挖掘与分析基础之上。高校数据来源不单单局限于高校领域，还包含繁杂的社会数据，即便单独以高校数据为研究重点，那么此数据也包含大学生行为习惯数据、课程数据、教师教育教学数据等多个方面。随着智慧校园的普及，数据量呈现爆炸式增长。这就需要在建立大数据运行机制的同时，建立数据挖掘与分析处理机制，维护大数据资源，使数据得到充分利用，掌握数据之间的关联，为拓展教育思路和提高教育质量提供科学指导。最后，大数据运行机制的建立就是要更好地使大数据与大学生社会主义核心价值观相融合，用大数据技术来为大学生社会主义核心价值观教育提供新思路、新方法、新路径和新价值，加强创新。大数据运营机制应从以下两方面建立。

一方面，建立大数据的协调运行机制。社会主义核心价值观教育正如前所述，牵涉面广泛、涉及人员众多。从教育者角度出发来看，大学生社会主义核心价值观教育不仅事关思想政治理论课专业教师，也事关其他专业教师、辅导员、党政领导干部等；从受教育者角度出发来看，社会主义核心价值观不仅仅是大学生需要学习的内容，教育者也同样需要作为受教育者持续学习社会主义核心价值观内容，这样就需要协调运筹各方要素，推动各方朝共同目标迈进。另一方面，建立大数据的协调共享机制。没有共享的大数据本身既不符合大数据自身的特点，也不利于资源的有效配置。确保运行机制的发挥，就必须建立协调共享机制，明确共享原则，取长补短，实现资源的合理配置，以此形成社会主义核心价值观教育的合力，共同作用于大学生的成长成才。

（四）建立大数据保障机制

大数据的出现使社会全方位流变，大学生社会主义核心价值观教育也因此产生变革。社会主义核心价值观教育的复杂性以及大学生所身处高校的特殊性决定了需要建立大数据保障机制，来应对大数据所带来的挑战。保障机制主要包括制度保障机制和技术保障机制两方面。

1. 大数据制度保障机制建立

制度是维护社会主义核心价值观教育以及整个高校教育体系的重要保障。大数据时代，面对大数据所带来的新思维、新挑战，更加需要建立保障机制来维护大学生社会主义核心价值观教育，使其在正确轨道上运行。

大数据制度保障机制建立的基础是国家要求以及相关法律法规。2016年11月，《中华人民共和国网络安全法》颁布实施，它为维护我国网络安全、保障网络环境中的国家利益、社会利益、个人利益提供了基本遵循，它的颁布标志着我国对网络环境的监管走向了法治化的新阶段。2023年，习近平总书记对网络安全和信息化工作作出重要指示强调："要以新时代中国特色社会主义思想为指导，全面贯彻落实党的二十大精神，深入贯彻党中央关于网络强国的重要思想，切实肩负起举旗帜聚民心、防风险保安全、强治理惠民生、增动能促发展、谋合作图共赢的使命任务，坚持党管互联网，坚持网信为民，坚持走中国特色治网之道，坚持统筹发展和安全，坚持正能量是总要求、管得住是硬道理、用得好是真本事，坚持筑牢国家网络安全屏障，坚持发挥信息化驱动引领作用，坚持依法管网、依法办网、依法上网，坚持推动构建网络空间命运共同体，坚持建设忠诚干净担当的网信工作队伍，大力推动网信事业高质量发展，以网络强国建设新成效为全面建设社会主义现代化国家、全面推进中华民族伟大复兴作出新贡献。"①

除建立国家制度保障机制之外，各高校作为大学生社会主义核心价值观教育的主阵地，也应该建立一系列的保障机制来确保在大数据环境下教育的走向不偏。

（1）各高校应在大数据环境下建立与之相应的管理制度。第一，从顶层设计出发，将大数据纳入高校大学生社会主义核心价值观教育，完善教育过程的领导体制与组织协调机制。第二，明确高校各级单位在大数据环境下社会主义核心价值观教育的具体责任。第三，打通高校各级单位之间的联系通道，明确各级单位在运用大数据时的责任和权限，使各单位在大数据运用方面做到共享。第四，将高校社会主义核心价值观教育各个环节，诸如教学环节、评价环节、宣传环节等与大数据充分融合，形成大数据教育体系，同时制定相应标准规范，划定范围和责任。第五，确保数据挖掘和使用安全，制定安全责任制度。第六，形成监督检查机制，对在教育中需使用大数据的各项工作进行定期检查，实时监督，并形成反馈机制，更好地规范管理。

（2）建立校园大数据运用的标准化流程。建立校园大数据的规章管理制度，使大数据与校园管理相融合，从高校环境角度保障社会主义核心价值观教育，这需要建立校园大数据运用的标准化流程，在数据运用规范、数据运用过程等方面制定标准。一是明确校园大数据使用的边界，为校园大数据使用提供标准和规范。二是对管理校园的各职能单位进行有效分工，明确各单位大数据管理职责。三是规范校园内挖掘和使用大数据的流程、要求，加强平台建设，严格保护数据安全。

2. 大数据技术保障机制建立

大数据对高校的技术使用能力有较高要求，目前，各高校纷纷建立智

---

① 《深入贯彻党中央关于网络强国的重要思想 大力推动网信事业高质量发展》，《人民日报》2023年7月16日。

慧校园项目等以提高信息化水平,但部分高校的信息化建设缓慢,大数据存储和处理技术不完善,这就需要建立技术保障机制,从机制方面完善高校的大数据工作。技术保障机制的建立主要有以下几个方面。

(1)应该加强高校在大学生社会主义核心价值观方面的大数据挖掘收集能力。首先,高校需要投入建设过硬的大数据挖掘收集基础设备以及与之相对应的信息系统,包括信息化服务、校园无线网络与移动网络的布控、云计算等,将信息资源集结上网,实现各项事务均可网络办理的目标,为社会主义核心价值观教育提供大数据基础环境。对大数据的数据来源进行严格把关,保证数据来源的可靠性以及数据的完整性、规范性和及时性。对于设备原因导致的数据无法全部被挖掘收集的问题,应该通过及时更新设备、硬件改造来解决。其次,要实现对数据的规范和管理,制定标准,对数据从挖掘、收集到使用的全流程进行监控。最后,挖掘和收集数据要全面,要有接续意识,使数据既包含历史又包含现在。同时,要具有多维视野,大数据本身特点就是数据繁杂,所以,在对数据挖掘与收集时要注意数据的多样性。

(2)应该加强高校在大学生社会主义核心价值观方面的大数据存储能力。大数据的本质特点即海量数据,海量数据对于大数据来说是资源,但是对于使用大数据的用户来说,也是技术挑战。对海量数据的运用建立在对海量数据的存储基础之上,这对大数据的存储技术提出了挑战,它要求大数据设备不仅要有低能耗,更要具备低成本和高安全可靠性。大数据的存储通过借助云计算、分布化和冗余配置等技术,对数据进行清洗、去重,并按照数据的类别进行分类及标签化设置。首先,这是因为大数据虽然要求对全部数据进行挖掘和收集,但所挖掘和收集来的数据并不都是安全可靠的,这就需要对无效的、错误、重复数据进行修正和剔除,保证数据的真实可靠性与一致性。这一系列过程被称为数据清洗。数据清洗也是提高大数据存储能力的关键,清洗无效、错误、重复数据能够提高大数据的存储能力,数据清洗全部是由计算机自动完成。其次,要在数据的存储中规范数据标签。规范数据标签是提高数据存储质量的重要保证。最后,要提升大数据存储的硬件设备。大数据的特征即数据丰富广泛且时间跨度极大,这就需要用过硬的数据存储设备将海量且时间跨度大的数据进行有效存储。传统的数据存储设备显然已经不能满足大数据的存储要求,需要建立更新的数据存储设备，以提升大数据存储能力。

（3）应该加强高校在大学生社会主义核心价值观方面的大数据分析能力。在数据挖掘收集和存储之后就要进行大数据的分析工作。随着数据体量的不断扩大，数据分析难度也逐渐变大。面对海量数据，大数据分析不仅需要处理复杂数据之间的相关关系，也需要处理多元异构数据，结构化、半结构化和非结构化数据，并且需要结合大学生社会主义核心价值观教育特点、规律和需求，从海量数据中分析出可被理解和接受的数据模型，与传统的大学生社会主义核心价值观教育进行对比分析，不断优化分析手段，提高分析能力。对于教育的各个过程，也应当具体分析其影响因素以及相互关系，形成大学生社会主义核心价值观的数据分析模块。

（4）应该加强高校在大学生社会主义核心价值观方面的大数据可视化技术能力。建立大数据分析技术之后就需要将分析结果进行可视化呈现。可视化可以将大数据的分析结果以大众所了解的方式呈现，以加深大学生对社会主义核心价值观的理解认识并推进其运用。这就给大数据技术的运用提出了将社会主义核心价值观内容转化为数据，再将数据以大学生社会主义核心价值观教育的话语体系表达出来，此后再以图形图像方式将话语可视化呈现的新要求。可视化技术的运用应当基于几何、图形、层次等相关技术的研究，要把握好新技术、功能与设计之间的相互关系，以最直接、有效的方式将社会主义核心价值观传达给大学生，使社会主义核心价值观在大学生中入脑、入心，作用于实践。

三　借助大数据优化教育方式方法，使教育方式方法由笼统向精准转化

提出方法比发现问题更重要。方式方法是教育者与受教育者之间真正确立教育与被教育关系的纽带。在《哲学笔记》中，列宁曾经摘录黑格尔《逻辑学》中关于方法的论述，指出："方法也就是工具，是在主体方面的某个手段，主体方面通过这个手段和客体相联系。"[①] 在大学生社会主义核心价值观教育中，教育者也正是利用各种教育手段和方式方法与大学生产生教育与被教育的相互关系。而教育方式方法的这种纽带和桥梁作用使其

––––––––––––––––––

① 《列宁全集》第 55 卷，人民出版社，2017，第 189 页。

在社会主义核心价值观教育者与大学生之间特定关系状态的形成中具有关键性意义。适宜的方式方法有助于使社会主义核心价值观教育者与大学生建立良好的沟通，并使教育内容得以贯彻。反之，不适宜的教育方式方法则会导致教育者与大学生之间陷入僵化、对抗的关系之中。所以，正如皮亚杰所讲："好的教法可以增强学生的效能，甚至加速他们的精神成长而无所损害。"① 在大数据时代，教育方式方法应结合大数据技术从笼统无分类的样式向精准转化。

（一）以大数据优化教育管理者领导方式

大学生社会主义核心价值观的培育和践行与高校教育管理者的领导方式密不可分。科学的领导方式是实现良好教育效果的推进器和重要保障，反之，不适合大学生社会主义核心价值观教育以及不符合大学生自身状况的领导方式则无法起到提升社会主义核心价值观教育质量的作用。领导方式关乎影响力，所谓影响力就是一个人在与他人交往中，影响和改变他人心理和行为的能力。影响力的构成有两大类，一是权力影响力，二是非权力影响力。权力影响力带有强迫和不可抗拒性，以外推力的形式发生作用，被影响者的心理和行为表现为被动和服从。非权力影响力是一种自然形成的影响力，既没有正式的规定，也不来自上级授予，非权力影响力与领导个人的素质和行为密切相关，被领导者是从内心自愿接受其影响。在传统大学生社会主义核心价值观教育中，教育管理者的领导方式还存在缺陷。对于大学生社会主义核心价值观教育来讲，部分教育管理者自身因为专业背景、知识构成体系等要素的不同而对大学生社会主义核心价值观的理解存在差异，所以在领导方式上有些偏重于机械化的、强制性的领导，没有充分考虑大学生自身的特殊情况以及社会主义核心价值观的相关内容，从而使其领导影响力受到影响，被领导者也因此会对管理者的领导产生逆反心理，不会从内心自愿接受。这样一来，自上而下的教育管理体系建立就会受阻，从而也会影响到大学生社会主义核心价值观教育的实施。

在大数据时代，教育管理者可以充分结合大数据的研究成果，依据大

---

① 华东师范大学教育系主编《现代西方资产阶级教育思想流派论著选》，人民教育出版社，1980，第367页。

学生以及教师的个体需求和自身状况，对其进行精确领导，而不能在领导中过于主观，或者使领导方式过于笼统。管理者应该明确每个人的职责分工，按照个人的能力、学科背景、成长经历以及其他个人情况采取不同的领导方式。管理者也可根据大数据分析结果预测教育走向，及时调整领导方式，按照大数据分析结果对自身领导能力进行排查，扬长避短，提高工作效率、效果。

（二）　以大数据优化教育者工作方式

"工作方式指的是组织内部创造价值和向客户传递价值的方式。"[①] 按照管理学概念，每一种工作方式都有与之对应的生产能力，而每一种生产能力对应的是组织对外的战略价值。学习和利用经验知识是工作方式的驱动力，在一种工作方式中产生的知识会嵌入下一种工作方式。所以工作方式的优劣直接关系到大学生社会主义核心价值观教育的质量。在传统大学生社会主义核心价值观教育中，教育者大多采取的是"批量生产"的工作方式，虽取得了一定成效，但从长久来看，还存在不足。在管理学概念中，批量生产是不断重复地将工匠的想法转变成标准化产品，高效率是批量生产的本质。在传统大学生社会主义核心价值观教育中，教育者依照既往经验，在教育内容与教育手段上甚少更新。对待不同的学生以一样的教育内容和教育手段进行教育，难以保证教育质量，而这样的工作经验和知识未经加工直接进入下一个工作方式，会对教育效果产生持续性的不良影响，无法调动大学生积极性、能动性，从而也就会使大学生社会主义核心价值观教育陷入被动。

大数据的使用为教育者的工作方式改进和优化提供了技术支持。教育者可以遵照大数据的分析结果改进工作方式，在教育中加入智能化要素，为大学生量身定制教育手段，增强大学生对社会主义核心价值观的认同度，有了大学生的积极参与，才能够达到良好教育效果。教育者可以利用大数据将工作中的各要素进行整合，从整体上进行优化，确保在工作实践中做到全面、细致和精确。教育者可利用大数据分析结果更新和优化自我的知识构成、专业素养，改进工作方式。教育者要在大数据时代秉持创客精神

---

① 于文浩：《学习范式的嬗变：工作方式演化的视角》，《开放教育研究》2018 年第 3 期。

和工匠精神，细致打磨工作方式，使之具有高价值。教育工作虽然千头万绪，但无非围绕降低无效和无用成本展开，所以，大数据的使用为教育者的工作方式优化提供了路径。

（三）以大数据优化理论教育

高校思想政治理论课是大学生社会主义核心价值观教育的主渠道和主阵地。高校思想政治理论课为大学生社会主义核心价值观的培育和践行提供了重要平台。面对大数据时代的全方位变革，高校思想政治理论课必须顺应时代发展潮流，实时更新、与时俱进，只有这样，才能够时刻保持与大学生的紧密结合，也才能确保主渠道和主阵地始终牢牢掌握主动权与话语权。为此，高校需要做到以下几点。

1. 建立大数据师资队伍

大数据时代的大学生社会主义核心价值观教育，需要高校师资队伍不仅具备扎实的马克思主义理论和社会主义核心价值观的专业功底、较高的人文素质、良好的语言沟通能力，还必须具备运用大数据和新媒体技术的能力，这是与传统教育相区别的关键。在大数据时代，高校师资队伍要具备熟练掌握和运用大数据技术与现代信息技术来处理和应对大数据环境中的复杂问题的能力，更要具备借助大数据来提高教育质量的能力。但是从目前来看，组建这样的师资队伍对于高校来说还存在困难。高校教师队伍因学科背景、年龄、知识结构等不同存在差异，理工科尤其是计算机专业教师可更好地应用和掌握大数据技术与现代信息技术，但其马克思主义理论和社会主义核心价值观的专业技能有所欠缺。反之，马克思主义理论课专业教师具备马克思主义理论课和社会主义核心价值观的专业技能，但运用计算机、大数据以及现代信息技术解决问题的能力有所不足，其他专业课教师则两者都不具备，因此建立大数据师资队伍存在理论与实践相脱节的现象，难以将两者相兼容。但是，在大数据时代高校所面临的新情况面前，我们必须克服这样的困难，组建起将理论与实践相融合的师资队伍。首先是因为，大数据改变了传统教育凭借经验判断即可进行教育的现状。如何有效地使社会主义核心价值观与大学生结合？如何更好地让大学生在实践中自觉培育和践行社会主义核心价值观？如何使社会主义核心价值观对大学生的价值提升？这些问题在传统教育中是无解的，但大数据的到来为解决这些难题提供了方案。为此，我们必须建立能够熟练掌握和运用大数据技术且具有较高思想政治理论课水平的师资队伍，这是时代的必然。其次，因大数据本身属于一项技术，虽然其具有超高价值，但也要逐步地进行探索和完善，所以，这也就需要专业教师去不断地探索和完善大数据在思想政治理论课领域的实践运用，优化大学生社会主义核心价值观教育工作。

除建立大数据师资队伍之外，还需要加强师资队伍的培训。要建立相关方面的师资队伍培训系统，使师资队伍在掌握基本技能之后，能够及时更新其观念和知识，始终站在时代发展的前沿。师资队伍的培训人员既包括会使用大数据技术又具备马克思主义基本理论功底的教师，也包括仅具备马克思主义理论知识的专业教师或大数据技术专业人员，应该在培训中将学科交叉放置于首位。在两方技能都具备的师资队伍培训过程中，应重点提升他们的技能素养；在只具备一项技能的师资队伍培训过程中，要重点培训其有所欠缺的那方面技能。例如在对不具备大数据技能的师资队伍进行培训时，要重点培养其大数据方面相关技能，使其具备大数据基本知识，初步具备运用大数据的能力；在对不具备马克思主义理论基础的师资队伍进行培训时，要重点培养其马克思主义理论基础，使其能够具有对马克思主义理论的基本认识。

2. 利用大数据发挥高校思想政治理论课主渠道作用

第一，利用大数据整合高校思想政治理论课资源。大数据所依托的互联网使高校思想政治理论课发生变革。目前，高校思想政治理论课多能够借助互联网信息技术更新教育模式，加强大学生与课堂的融合，例如对慕课、翻转课堂的使用。大数据的使用使高校在社会主义核心价值观教育方面的资源得以智能化整合，在线课程不仅打破传统教育的时间和空间壁垒，而且将课程内容以开放形式呈现，这在提升教师教育水平和理论素养的同时，也使大学生关于社会主义核心价值观的知识结构更丰富。大数据的相关技术使社会主义核心价值观教育发生前所未有的改变，海量的数据资源、快速的搜索引擎在为社会主义核心价值观教育提供丰富的资源平台的同时，也使其逐渐现代化。

思想政治理论课虽然以马克思主义理论课程为主，但其所涉及的学科是多样的，在网络环境下，一切学科都朝向多学科融合迈进。这就需要通过大数据促进高校思想政治理论课实现跨界融合。高校思想政治理论课要引入多学科资源，实时更新教育内容，以多学科前沿来引领思想政治理论课发展。大数据可根据大学生在网络中的信息检索记录，找到多学科之间的相关关系，同时找到多学科与大学生社会主义核心价值观以及大学生自身兴趣的契合点，从大学生的切实需求出发来进行社会主义核心价值观教育。例如利用百度指数对社会主义核心价值观进行搜索发现，社会主义核心价值观搜索量与当月所发生的重大事件具有直接正相关关系。

大数据也使高校思想政治理论课得以实时更新。大数据时代的到来使社会更加丰富多彩。作为高校社会主义核心价值观教育的主阵地和主渠道，思想政治理论课必须与时代保持一致，关注重大社会问题和社会热点。而在传统教育中，无法借助大数据，因此我们很难掌握思想政治理论课涉及人群所关注的重大社会问题和社会热点。但大数据使这些难点得以解决。大数据时代所基于的网络环境使每个人都拥有网民的身份，网民每时每刻都在网络上创造数据，利用大数据将这些数据进行分析和整合，可以及时准确地了解到教育者与大学生的思想状况以及对其开展的社会主义核心价值观教育的效果，从而对教育者与大学生状态进行及时调整，高校思想政治理论课内容也可以据此及时更新，与社会热点紧密结合，满足师生的切实需要，回应合理关切，抵御错误文化和思想对大学生的冲击。不仅如此，利用大数据还可以找到使社会主义核心价值观潜移默化进入大学生内心的渠道和方法，从而找准教育着力点，这是传统教育所无法实现的。

第二，利用大数据促进高校思想政治理论课方法创新。传统思想政治理论课一直以来都在研究和思考怎样才能提高大学生积极性、参与度和认同度。在实际教学环节，大学生在思想政治理论课的表现上也确实存在缺乏积极性、参与度与认同度不高的问题。大数据的到来将改变这一状况，它可以收集上课数据来对学生行为进行量化，从而精准分析大学生的所思所想，教师可根据大学生的所思所想、兴趣爱好来安排教学内容，真正做到以学生为本。例如目前高校建设的智慧校园，能够为广大师生提供一个全面的智能感知环境和综合信息服务平台，提供基于角色的个性化定制服务。再如慕课、翻转课堂等课堂形式，这些教育新方法的创建为社会主义核心价值观教育提供了新的平台。这些新方法借助大数据对学生产生的数据进行分析，可以精准培养学生的各方面能力，引导学生产生对社会主义核心价值观的兴趣爱好以及依赖性，这为社会主义核心价值观教育提供了有力支撑，提升了高校思想政治理论课的教育效果。

大数据与高校思想政治理论课相结合的具体路径有以下几种。首先，可以通过对上课人数、课程设置、教学地点、上课时长、中间休息、考试考核成绩以及学生在上课时段使用移动网络的情况等相关方面数据的收集与分析，精准描述学生上课状态，为教师设置上课内容、改进教学方式方法提供科学依据。其次，可以通过大数据对大学生对不同课程的不同反应进行比较分析，发现影响大学生做出该行为的相关变量，从而发掘出影响因素之间的内在联系，使思想政治理论课在教学环节中规避会对大学生产生负面影响的相关因素，激发大学生的兴趣点以及满足大学生的需求，提升教育效果。最后，可通过对思想政治理论课相关数据的分析审视教育环节出现的问题，发现问题并且解决问题。对历史结果与现在结果数据进行对比分析，可以找到提升教学效果的方法，也可以使教学方法得以验证。可对数据进行总结并找到其中的关联，预测未来教育走向，最终解决大学生对社会主义核心价值观参与度、积极性不高的问题，并且提高大学生对社会主义核心价值观的认同度。

第三，利用大数据完善高校思想政治理论课评价机制。在大数据时代之前，高校思想政治理论课的评价机制偏向机械化，并且其中掺杂大量评价主体的主观成分。例如在大数据时代之前，高校思想政治理论课的评价主要以对学生的调查问卷、督导组随机随堂听课、对教学资料的检查、对成绩的分析比对以及专家走访访谈等形式进行。这些形式虽然覆盖了教育教学的全过程，但是结果具有滞后性，参与主体的人为干扰因素太多，易使评价结果缺乏公平和科学性。同时，这些形式虽然覆盖了全过程，但信息来源不全面，也会影响整体的评价结果。大数据可以助力建立更加科学有效的评价机制。基于对海量数据的分析，不会使有价值的信息被遗漏，这也就保证了评价结果的全面性、完整性和科学性。

大数据为高校思想政治理论课的评价机制提供了客观的评价方法。首先，大数据将高校思想政治理论课数据进行了全面整合。在高校思想政治理论课过程中，教材、课堂、学生实践、考试成绩等信息数据都可以被大数据所包含和分析。其次，大数据的使用囊括了教育者与大学生的全部数据，改变了传统教育中以教育者为唯一主体的局面。除此之外，与思想政治理论课相关的全部人员，诸如管理人员、其他学科专家学者等都可以作为大数据的分析对象来丰富评价机制。最后，大数据改变了评价方法，其将评价体系的全过程纳入监管范围之内，不再仅局限于评价结果。准确的结果产生必然以科学有效的评价过程为前提，大数据将评价全过程纳入分析系统也是对过程的保障，它可以及时纠正评价中存在的问题，及时改进评价方法，从而为及时调整思想政治理论课教育教学提供科学指导。

大数据也创新了高校思想政治理论课的考核机制。传统高校思想政治理论课考核方式主要通过成绩来判断学生是否掌握知识要点，但是这一考核方式存在弊端。综观各高校考试周各自习室以及图书馆的学习人数会发现，考试周与非考试周在图书馆和自习室学习的人数存在巨大差异，由此可推断出大部分大学生对待考试存在突击心理，并没有将教师所教授知识内化于心、外化于行，只是一时应付了事，如此看来，单单以成绩为评价标准的考核机制存在漏洞。大数据变革了传统考核方式。大数据所包含数据的全面性与广泛性为全过程的考核带来了技术支持。首先，大数据为跟踪式考核方式提供技术支持。大学生的行为表现并非一时兴起，而是经过长时间积累并受多因素影响且具有动态性。大数据可以通过追踪分析各个学生的课程记录数据、日常生活数据、线上教育数据等相关数据来衡量大学生对社会主义核心价值观的培育与践行程度，从而在整体上把握大学生在不同状态下社会主义核心价值观的掌握水平、学习效果。其次，大数据为大学生自觉培育和践行社会主义核心价值观提供技术支持。高校思想政治理论课作为社会主义核心价值观的主渠道和主阵地，以大学生认同并践行社会主义核心价值观为最高标准。传统思想政治理论课在提高大学生社会主义核心价值观认同方面作出了巨大的努力，但效果有限。大数据可通过对大学生行为数据进行挖掘和分析获取大学生在日常生活与学习中对于社会主义核心价值观的具体态度，从而量化其行为，从日常生活中考核大学生的行为，将考核从定点定向转变为动态的过程，为大学生制定符合个人特点的个性化考核方案，从而精准预测其未来走向，为教育者科学指导大学生培育和践行社会主义核心价值观提供技术支持。

（四）以大数据优化隐性教育

大学生社会主义核心价值观教育是高校意识形态建设的重要内容之一，

它关系到大学生怎么认识社会主义核心价值观、如何践行社会主义核心价值观以及怎么理解马克思主义基本理论和中华民族伟大复兴中国梦。目前，网络给社会主义核心价值观教育带来前所未有的冲击和挑战，这就需要以具有感召力和凝聚力的社会主义核心价值观教育凝聚大学生，使其参与到党的意识形态建设中来。大数据为感召力与凝聚力的实现提供了技术支持，造就了教育平台。

1. 以大数据保障大学生社会主义核心价值观教育的主动权

互联网使人们生活便捷化的同时，也使社会环境逐渐复杂。巨量的信息不断地涌入使社会整体价值观呈现多元多样化特征。大学生在这样的社会背景的感染和熏陶下，也具备多元与多样化特征，此外，又因大学生的自身特点如年龄以及社会阅历不足等导致其较容易被社会中存在的不良思想所感染，而走向偏离社会主义核心价值观要求的错误轨道。这需要教育者及时予以制止和纠正，保证大学生的价值观在正确的轨道上运行。通过大数据的运用，大学生社会主义核心价值观教育得以被保障。为此，应该做到以下几点。

首先，通过搜索引擎进行数据收集和分析，重点采集大学生网络习惯以及经常关注的内容的信息，发现大学生日常生活的关注点，以及个人行为习惯，针对这些内容了解大学生个人偏好，将社会主义核心价值观与大学生个人偏好相结合，并且将社会主义核心价值观冠以大学生所喜好的网络话语体系来进行表达，接近社会主义核心价值观与大学生的距离。其次，针对大学生所表现出的价值迷茫、空心病、信仰缺失、道德失范等问题，借助大数据提出切实有效的教育方案，有针对性地解决大学生上述问题，实现各个击破，贯彻因人而异的教育理念。复次，在传播社会主义核心价值观过程中要注意榜样引领，净化网络空间环境，形成良好意识形态导向。最后，利用大数据对大学生行为进行预测，抢占社会主义核心价值观教育先机。

2. 以大数据提升网络舆情监控、预警与事件处置能力

当前，网络的普及导致社会各类事件集结于网络环境中，容易形成热点迸发出来，引起舆论哗然。纵观近年的舆论事件，无不都掀起了网络各路势力的"狂欢"，在这些"狂欢"背后，却隐藏着各路敌对势力的险恶用心，大学生群体的好奇心和正义感驱使他们对此类事件给予高度的关注，

大学生社会主义核心价值观教育研究

这给大学生带来了一些复杂影响。在大数据时代之前，我们对网络舆情监管存在困难，因为网络具有隐蔽性，难以预见、爆发突然，往往会使我们的官方舆论陷入被动。大数据能够通过实时监控各类网络数据，对数据进行分析处理从而发现其中的相关关系，并可借助相关关系发现事件之间的引爆点，从而预测网络舆论走向，规避大规模的舆论事件爆发。建立网络预警机制，及早对引爆点进行规避或者处置，可提升官方媒体在社会主义核心价值观传播过程中的舆论处置能力。依托大数据，我们也可以及早将正确舆论导向灌输给大学生，让他们具备正确的是非观和正义观，形成良好的判断能力，来从容面对网络事件。

3. 以大数据加强校园文化建设

校园文化对大学生社会主义核心价值观的形成具有重要的隐性教育作用。它在引领大学生社会主义核心价值观教育阵地的文化资源整合的同时，也赋予社会主义核心价值观以丰富多彩的教育途径。如今，校园文化也要跟随时代的变革而发生变化，面对时代给予的机遇与挑战，校园文化对大学生社会主义核心价值观的培育和践行具有重大推动作用。这是因为，首先，校园文化作为社会文化的一部分，对社会主义核心价值观教育产生重要影响。校园文化可以作为教育载体对大学生进行社会主义核心价值观教育。大数据可将校园文化与大学生的需求、兴趣相连接，在校园文化建设中注入大学生的兴趣点，形成大学生与校园文化建设的共鸣，为社会主义核心价值观教育提供环境支持。其次，校园文化作为载体包含许多内容，这些分支涉及大学生生活的各个方面。例如校园文化包括社团组织、宣传媒体、社会实践等，这些内容所涉及的内容不同，对大学生的影响也不同，目前高校还存在对校园文化所包含的内容管理不到位的现象。大学生在校园中使用校园一卡通等与终端相连接的电子卡片，其校园数据可被获取，从而高校可以通过大数据将大学生的行动轨迹可视化呈现，找到大学生在校园中的活动规律，这也为搭建校园文化与大学生之间有效沟通的桥梁提供了契机，为高校管理校园文化提供了帮助。高校可以根据大学生对校园文化的参与度来了解什么形式的校园文化会受到大学生的普遍欢迎，什么形式的校园文化会引起大学生反感，从而通过校园文化建设使社会主义核心价值观接近大学生，走入他们的生活。最后，已经被作为校园文化一部分的网络文化无时无刻不影响大学生社会主义核心价值观的塑造。网络已

160

经成为大学生获取咨讯的重要通道，对大学生产生了巨大影响。

（五）以大数据优化典型教育

榜样的作用无疑是巨大的，他们传播社会的正能量，是社会坚定力量的代言人。在校园文化建设中，塑造榜样来引领大学生社会主义核心价值观是正确的选择。在高校中，对大学生进行社会主义核心价值观教育需要充分发挥榜样的引领作用，树立正确典型，为大学生的社会主义核心价值观提供标准答案和参照系。但榜样的树立不易，并不是所有榜样都具有强力引领作用，引领作用的强弱和是否与大学生实际联系紧密直接相关。与大学生实际相去甚远的榜样从宏观角度来说可以起到引领作用，但引领强度不够，不容易让大学生产生共鸣和向榜样看齐的冲动。所以，首先，树立榜样需要利用大数据对大学生的关注点、思想情况、行为习惯、兴趣爱好进行挖掘，从而得知什么样的榜样离大学生实际需要最近、最贴合大学生实际、最容易让大学生产生共鸣。通过大数据从大学生群体中选拔出的榜样较易于被大学生认可和接受。而利用大数据选拔的方式有别于推荐和逐层选拔，其直接根据数据的分析和比对结果将榜样推选出来，这将使结果更加公平公正，更具有科学性。其次，大数据可针对榜样进行数据分析，量化榜样的思维与行为特征、兴趣爱好，从而得到参考系。将大学生的数据与榜样数据进行对比分析，从而找准大学生与榜样之间的差距，既可以以此对大学生进行重点教育，使之缩小与榜样的差距，实现整体提升，还可以根据榜样对社会主义核心价值观的认同度来分析出最适合大学生的社会主义核心价值观教育方式，扩大社会主义核心价值观的影响力。

（六）以大数据优化实践教育

道不可坐论，德不能空谈。实践教育法的实施目的是引导大学生积极参加各种实践活动，提高其思想认识，培养优良品德和良好习惯。但是大学生在实践过程中受自身学业、经济、心理和经济等方面限制无法全身心地投入实践，培育和践行社会主义核心价值观需要用大数据来解决大学生在实际生活中遇到的问题，只有解决问题才能够优化实践教育。大学生对社会主义核心价值观的认可和践行的基础即其现实问题的解决。如果大学生自身的现实问题无法解决，那么他们就会对社会主义核心价值观产生逆反心理，这不利于大学生社会主义核心价值观教育，甚至会给整个社会带来不安定影响。如果大学生自身问题无法得到有效解决，实践教育法的实施就失去了意义。所以，在实践教育中不能仅仅局限在学校为大学生创造的实践环境中，还应当认清和解决大学生现实存在的问题，只有深入大学生现实生活，才能够更好地使其去实践。所以，大学生社会主义核心价值观教育首先应当以解决大学生现实问题为前提，使之全身心地投入践行社会主义核心价值观的队伍。大学生大部分时间都将在校园中度过，可以利用大数据收集大学生在校期间的基本信息数据、行为数据、个人习惯数据、成绩数据等，发掘各个数据之间的相互关系，从而预测大学生个人的人生发展趋势。以此，也可以将大学生具有哪些现实问题，怎么实现和解决这些现实问题，这些现实问题给大学生带来哪些困境，这些是否会危及社会安定等一系列问题呈现在教育者面前。通过大数据的分析和预测，我们可以针对大学生面临的现实问题设置预警机制，对生活困难学生进行精准帮扶，对就业困难学生进行集中教育培训，对心理出现不稳定因素的大学生及时进行心理疏导，防患于未然，促进大学生整体的安全稳定，较好地将学校与社会相衔接，帮助大学生平稳度过从学校到社会的过渡期。此外，大数据也可以为大学生进行个性化的就业推荐，各用人单位可以根据大数据的分析结果给大学生提供更加适合的工作岗位，帮助大学生克服刚步入社会的焦虑心理。与此同时，也可以利用大数据为大学生提供如安居、婚恋等一系列现实问题的解决路径。只有从解决现实问题的角度出发，才能促使大学生更好地培育和践行社会主义核心价值观，也才能保证实践教育法的落实。通过近年来对大学生的研究梳理可以发现，目前大学生所遇到的现实问题主要集中于四个方面，即学业问题、经济问题、心理问题、就业问题。那么借助大数据，可以帮助大学生解决以上四大现实问题。

1. 以大数据助力解决大学生学业问题

"大学生的学业是指大学生在高等教育阶段所进行的一切以学为主的活动，是广义的学习阶段。"[①] 大学生的学业水平反映了他们的学习质量，高校对大学生进行学业指导，是促进大学生学习质量提升的有效手段。长期以来，我国高校都致力于对大学生进行学业指导，但仍存在诸多困难难以

---

① 王训兵等：《大学生学业生涯规划现状及对策》，《教育与职业》2012 年第 5 期。

解决。例如高校的学生事务管理通常是运用思想政治教育方式对学生进行学业指导，这在实际上很难满足学生现实发展需求，也很难解决学生实际困难，从而会使学生学业指导与大学生的实际需求之间产生裂痕。

高等教育的发展方向应始终与国家的前进方向保持一致，这也就需要作为大学生社会主义核心价值观教育前沿阵地的高校始终坚持国家倡导的基本价值理念。为了确保国家大政方针的顺利实现，就需要高校培养出一流人才，回应大学生的基本诉求，只有这样才能确保人才储备满足国家发展的需要。而高校在大学生社会主义核心价值观教育方面，要以人才培养为核心，通过社会主义核心价值观教育的实施，为大学生奠定良好的思想行为和马克思主义理论基础，在提高大学生学业水平和科研能力的同时，夯实社会主义核心价值观对他们的影响。高校的学业辅导应满足国家发展的现实需要，为国家培养出德才兼备，具有高素质、品行端正、专业能力强且能够将社会主义核心价值观良好践行的大学生。对此，学业辅导不能盲从，既要从整体上把握大学生的普遍需求，又要根据不同年龄层级、不同性别、不同兴趣爱好、不同特点、不同需求等对大学生进行差异化学业辅导，为大学生量身定做学业与职业发展规划。目前，我国高校学业辅导正处于从传统向现代的转变时期，探索学业辅导新模式是关键。高校学业辅导首先要做的就是在观念上进行转变，抛弃以往唯经验至上理念，转而通过实践来检验学业辅导的可行性，以能否调动大学生的主观能动性，能否激发大学生的潜力为标准。大数据为我国高校大学生的学业辅导提供了崭新的路径，也为社会主义核心价值观融入大学生学习生活提供了平台。大数据助力解决大学生学业问题的基本做法主要有以下几点。首先，大数据基于对海量数据的收集和分析可清晰地获取大学生的生活轨迹、兴趣爱好、学习习惯、关注点、现实需求、存在困难等基本信息。通过对这些信息的汇总，高校教育者可以完全掌握大学生在日常生活学习中的情况，利用大数据的分析结果，教育者可以了解大学生的需求与困难从而对其进行个性化教育，根据大学生的基本个人信息，为其量身定做学习方案，避免大学生陷入学习与就业误区，全面科学地指导大学生学业发展。少走弯路，各个击破。其次，教育者可利用大数据对大学生数据进行多角度全方位跟踪，从数据中找到大学生个人思想情况、学习情况、就业偏好、职业规划等方面的相关关系，从每个大学生入手，根据每个人的实际情况给出最贴合个人实际的学业辅导方案，以此提升每个大学生的教育参与度，从而通过上述方案促进大学生主观能动性的发挥，激发每个大学生的个人潜力。高校应优化人才培养方案，真正做到以人为本、因材施教。最后，可对成绩优异、表现突出的大学生进行重点数据分析，得出参照系，或者以此为标准来制定大学生学业辅导规划方案，为其他学生的学业辅导提供科学有效的方法。大学生也可借助此大数据来完善自我教育，实现自我提升。

2. 以大数据助力解决大学生经济问题

贫困大学生一直以来受到国家高度重视。教育要实现公平就必须关照和实现教育中每一个大学生的利益。大学生因家庭经济困难而陷入学习和就业的被动，这是高等教育不应出现的局面。目前，我国高校在解决贫困大学生问题上多采取的途径是通过奖学金、助学金等形式进行资助，这一方式虽然可解决经济贫困大学生的燃眉之急，但是却无法形成长效机制或者无法站在更广泛的角度给予大学生更多的精神支持。所以，在大数据时代，应当利用大数据来解决经济贫困大学生的现实问题，改变以往传统的自主模式，在物质资助的同时给予贫困大学生更多的心理支持和人文关怀，让社会主义核心价值观切实地得以实现和贯彻。

目前高校在对贫困大学生的资助管理中还存在诸多难题。例如对贫困大学生的界定存在困难，高校对大学生的实际生活标准缺乏可依据的参考等。对贫困大学生的界定目前多采用开具大学生生源所在地贫困证明、在大学生之间进行民主测评等形式，这些形式虽然可起到对贫困大学生的认定作用，但是并不够科学，也易掺杂主观成分。解决贫困大学生的实际问题的关键在于对贫困大学生实际情况的了解和掌握。大数据为掌握大学生的实际情况提供了科学依据和手段。高校可利用大数据对大学生日常生活和学习中产生的数据进行分析，从中得到大学生的基本家庭情况、学费缴纳情况、生活消费情况、学习情况、奖学金获得情况、心理健康情况等基本数据，从这些数据中界定大学生的实际经济水平，以此界定结果作为衡量贫困大学生的标准。这一方式可以使贫困大学生的界定更加科学可靠，也能够让学校真正掌握贫困大学生的实际，及时解决他们的问题，切实关照他们的生活，为他们更好地培育和践行社会主义核心价值观提供支持。

3. 以大数据助力解决大学生心理问题

大学生具有特殊性，大学是其人生第一次重大转折的关键期。从学校到社会或者从本科到研究生的身份转换使大学生与其他群体一样具备消极与积极并存的情绪。这些身份的转换使大学生必须在这一阶段面临与之俱存的心理上的转化，包括学业与就业的压力、生活的变化、人际的变动等考验。这些考验容易使大学生的心理陷入困境，造成心理失衡，甚至心理障碍。面对这一问题，要求高校必须在这一阶段对大学生进行有效的心理疏导和心理疾病预防，加强对大学生的心理健康教育。

综观近年来各高校在大学生心理健康方面所做的工作我们不难发现，高校一直以来都始终坚持不懈地致力于维护大学生心理健康。目前各高校都相应地成立心理教研室、大学生心理辅导中心等相关机构，培育并组建大学生心理健康教育相关师资团队，开设心理健康辅导课程，组织开展心理健康讲座，在这些努力下各高校在大学生心理健康方面取得了长足进展。但各高校的心理健康工作还存在诸多困难。例如，随着社会环境的逐渐复杂，大学生的心理问题面临更加复杂的局面，这对心理健康方面专业教师的水平提出了新的要求。然而目前各个高校普遍面临的困难是心理健康方面的专业教师短缺。较少的心理健康专业教师需要面对日益增加的较多的大学生，不成比例的配置导致教师无法及时有效地给予大学生相关心理健康辅导。此外，心理问题极具隐蔽性，这也就增加了心理疏导的难度。若无法给大学生提供精确的心理治疗或者个性化的心理疾病预防工作，高校心理健康工作就无法切实有效地实现帮助大学生实现心理健康的效果。而大数据为当前大学生心理健康教育存在的困境提供了解决之道。大数据能够通过对大学生思想和行为数据的挖掘与分析，从中筛选出代表大学生心理方面的数据信息加以跟踪和研究，发现和了解大学生性格特点、所处环境、思想动向、行为习惯等数据，从而筛查出特殊个体或者易感人群。针对特殊个体和易感人群要及时介入，给予心理开导和心理治疗，在情感上多给予支持和安抚，帮助他们解决困难。另外，将特殊个体和易感人群的数据作可视化呈现，与普通个体数据进行对比，不仅可以使教育者方便、直观、快捷地看到特殊个体和易感人群存在的问题，也可以使大学生看到自身存在的问题，从主观上去调整自我情绪，正视自己的问题，实现自我认知，激发自我改善的欲望，进而通过发挥自我的主观能动性来规避更深层次的心理问题。大数据也给教育者提供一整套参考数据，教育者通过大学生的数据可以从中得出大学生在心理方面存在的共同问题是什么，什么原因导致共同问题的发生，变化趋势是什么等，从而教育者可以通过教育手段的改变和教育内容的更新来预防和阻止这些问题的发生。与此同时，可以为大学生建立个性化心理预防和干预方案。因每个大学生个体都存在差异，所以他们所面临的问题既有共性也有个性，既统一又特别。所以，依据每个大学生的个人数据反馈，结合每个大学生的心理特点为他们量身定做心理辅导方案，可提升心理健康教育的效果。可利用大数据建立大学生心理健康预警机制。教育者可从对海量数据的对比分析中发现异常数据，从而针对异常数据建立预警机制，一旦大学生心理健康数据达到预警或者触碰警戒线，那么就要及时启动预警方案，及早介入进行治疗和疏导。

4. 以大数据助力解决大学生就业问题

就业难是目前大学生面临的普遍问题。教育部、人力资源和社会保障部召开的 2023 届全国普通高校毕业生就业创业工作网络视频会议指出，2023 届高校毕业生规模预计 1158 万人，同比增加 82 万人①。我国高校毕业生就业市场长期以来都存在供需不平衡现象。一方面大学生面临就业难的问题，另一方面用人单位却面临招聘难的问题。这一偏差的出现显示出目前我国高校与社会用人单位的衔接出现畸形。高校的人才培养无法适应快速变化的社会环境。为此，高校应该调动一切优质资源，做好大学生就业工作。然而，大学生就业也同上述所有问题一样面临差异化问题。每个学生因为自身的特殊性导致其所能适应的岗位也会相应地存在差异。而传统的大学生就业指导指向性不强，只是笼统将所有大学生看作整体进行整体性指导。这样不仅很难给大学生提出切实有效的忠告，也很难给大学生就业带来实质性帮助。

大数据可以在给大学生提供精准的职业生涯规划以及科学专业的就业指导方面发挥一定的作用。运用大数据给大学生进行职业生涯规划就是根据对大学生日常行为数据的分析，例如大学生的学习成绩、思想和行为数据、对教师的评价、兴趣爱好、家庭情况等数据分析得出最适合大学生的工作岗位，使其以此为就业目标，从而在日常学习培养中注重目标培养，使其更符合用人单位要求。目前，大学生在职业规划方面普遍存在一些问

---

① 《2023 届高校毕业生规模预计 1158 万人同比增加 82 万人》，人民网，http：//jx. people. com. cn/n2/2022/1116/c355213-40196902. html。

题，例如对自我评价存在不客观现象，一种情况是，一部分大学生认为自身条件优异，可以胜任较好工作，但在面试时往往不能够达到用人单位要求，另一部分大学生认为自我条件较差，只能胜任一般工作，但其实其能力可以较好胜任工作；还有一种情况是，一部分大学生并不能够正视自身条件与个人需要，无法准确匹配职业需要与自身条件，也无法认清自我需要，出现随大流、盲目逐利的现象，也有另一部分大学生对就业问题表示迷茫，并不知道自我就业方向，也就无从知晓自己到底该如何去努力。大学生出现上述问题的原因在于，大学在对大学生进行职业规划教育和就业指导时无法切实地根据大学生自身特点、兴趣爱好、性格特征、性别及时调整指导方案。

大数据通过将大学生的日常生活及学习数据与社会各单位招聘数据进行比对，可以将高校对大学生的就业指导量化。大学生可以根据数据的结果对自我有个清晰的认知和定位，从而在面对就业时作出准确的就业形势预判。大学生也可以根据大数据的分析结果了解自己设立的目标岗位的基本情况，从而认清差距，不断地完善自我，提升自我能力。例如通过参加技能培训、取得专业资格证书等形式来缩小自己与目标之间的差距。这样也节省了大学生就业时间，节约了社会资源。

高校在大学生就业指导上要利用大数据提供精准服务，要帮助和引导大学生认清社会现实，提升大学生的就业能力与个人素养，为大学生初步筛选适合其专业发展的就业岗位。高校还应该与用人单位建立数据库，方便用人单位在数据库中找到自己的心仪人选。从目前高校的就业指导情况来看，高校与用人单位都无法实际掌握大学生的个人情况。以大学生而言，他们面对大量用人单位的招聘信息，却无法从中快速抉择；以用人单位而言，他们面对的是众多大学生，却只能在将自己招聘信息发布之后等待大学生自己前来应聘，这不仅耗费时间和精力，也会对各方资源造成浪费。大数据的利用可以将大学生的数据与用人单位的需求数据相联通，实现工作岗位与大学生实际情况相匹配，从而高校可以针对大学生的个人情况进行就业推荐。并且，可以利用大数据对大学生进行跟踪，提高他们的个人能力和知识素养，实现个人水平的合理优化。用人单位也可根据大学生的数据信息在未来的工作中对大学生进行重点培养，这既有利于节约时间和成本，也有利于提高员工整体素质，使人才更好地得到发展，从而促进社会进步。

四 利用大数据完善教育评价，使教育评价由主观向客观转化

（一）构建大数据过程性评价体系

过程性评价就是在对大学生社会主义核心价值观教育的过程中实时、动态、持续地对大学生的社会主义核心价值观状况进行评价。它依据的是对评价目标的相关要素进行收集和分析，以达成一定效果的一种手段。过程性评价是能够在对教育过程进行评价的同时，有效地判断教育过程中所存在的问题，并对教育过程存在问题进行及时改进的评价形式。过程性评价可以确保教育的有效性，促进教育目标的实现。在教学活动中，过程性评价基于在教学过程的任意阶段所收集的信息，对教学过程进行分析并提供实时有效的反馈，这也就要求评价系统对教育实施的时间、地点、内容等各要素进行全面覆盖，做出弹性化与个性化设定，这也就意味着在评价系统中对各要素的信息采集和跟踪存在较大难度。过程性评价应该具备对社会主义核心价值观教育的导向性功能，它应通过对学生在培育和践行社会主义核心价值观中的优势与不足进行识别，判断学生是否具备开展社会主义核心价值观实践的条件。

社会主义核心价值观教育是一个漫长的渗透过程，在小数据时代的传统社会主义核心价值观的教育评价体系中，仅仅以考试成绩或者几次调查问卷的结果来考量社会主义核心价值观教育效果是不准确的。在传统社会主义核心价值观教育评价体系中，受制于技术手段的匮乏，教育评价并不能够以大学生的成长轨迹为基准，也不能够伴随大学生成长的每时每刻并将其现实反应作为评价标准。而在大数据时代，大数据技术可以通过实时掌握海量数据对大学生的思想与行为进行监测，过程性评价体系得以建立。

大数据时代为过程性评价提供了技术支持。具体表现为在教育过程中对大学生的数据进行挖掘和采集、分析处理。大数据时代的到来使教育评价向智能化演变，大数据的运用使教育评价的直观化、可视化和数据化成为可能，这也就意味着教育评价摒弃了以往的经验主义而向数据化迈进。因此，首先，大数据对教育评价的创新表现在对教育过程中存在的大学生教育数据进行采集，对大学生接受社会主义核心价值观教育的数据的全方位采集和记录为过程性评价建立数据支持。其次，利用大数据可以跟踪并

且存储大学生的思想和行为动态数据，为每个大学生建立数字档案，持续存储大学生学习生涯中每时每刻所产生的数据，同时也可针对教育者建立电子档案，对教育者的教授行为、备课情况等进行记录，以便对大学生和教育者进行过程性评价。最后，大数据通过对采集的数据进行分析和监测，建立科学的评估体系，方便对教育者和大学生进行精准评估，发现人才培养规律，为社会主义核心价值观教育提供后续支持。

（二）构建大数据智能化评价体系

大数据技术所承载的是科技和智能化的进步，依托于互联网的大数据可以使大学生社会主义核心价值观教育评价从人工手段转向智能化评价方式，并且将评价结果可视化呈现，这大大增加了评价的科学有效性。在大数据时代，不具备智能化手段的教育终将会被时代抛弃，若不追随时代的进步，教育评价的结果会越来越不具有可信性。而如今，大学生因为从小的生活环境本身不具有单一性，越来越开放和多元的社会使大学生的思想与行为比大数据时代之前的大学生更复杂，这就更需要教育评价智能化，真实地以大学生喜闻乐见的、有兴趣的方式对大学生社会主义核心价值观教育进行评价，也只有这样，才能针对不足进行查漏补缺。这也会增加评价结果的客观性和准确度。

相较于传统社会主义核心价值观评价标准，大数据时代的教学评价从存量性转向了增值性。过分追求简单化的指标，诸如成绩、就业率等受到了众多非议。社会主义核心价值观教育的评价体系的客观前提是合理性和科学性。社会主义核心价值观教育本身是一个复杂的系统，它将教育者、大学生以及各种相关教育要素整合在一起进行互动，因此在教学过程中会存在突发现象，并不能够保证教学活动在一成不变的轨道上进行，教育评价应当对突发情况予以关注，及时引导，保证教学评价结果的准确性。教学评价与教育各要素有广泛密切的联系，不是简单的机械汇总，这就要求教学评价具备增值性，动态地反映出大学生的现实状态。在传统社会主义核心价值观教育评价中，很难动态地反映大学生状态，但在大数据的支持下，智能化评价体系的建立使我们可以对大学生以及教育者的数据进行实时跟踪挖掘，以此来探析教育者与受教育者在接受社会主义核心价值观时的心理状态和思想活动，从而发现其中的规律，根据规律制定评价标准。

（三） 构建大数据多元化评价体系

多元化评价体系是根据大学生的各要素，诸如能力、知识水平、综合素质等建立的评价系统，它不仅仅局限于单一的角度，而是将单一评价拓展至多元，从评价角度、内容、过程、方式方法等各方面来对大学生进行教育评价，期望所得结果个性化和多样性。过程性评价将注重结果的评价转变为注重过程的评价，而多元化评价则拓宽了评价的路径和范围，将评价向高质量靠拢。评价不应该局限于对结果的注重，或者局限于大学生是否接受社会主义核心价值观这一方面，而是应该在评价过程中从多方面入手，将牵涉大学生社会主义核心价值观教育的全部要素都纳入评价范围之内，诸如大学生的学习方式方法、学习兴趣、思维等。而在传统的教育评价中，无法全面系统地对大学生的上述要素进行评价，也是导致评价结果不准确的原因之一。

多元化评价体系的建立有助于因材施教理念的贯彻，满足大学生的个性化需求也是当今时代教育发展的必然。在大数据时代，因社会要素本身就处于多元的状态，所以教育评价要从多元角度出发，构建多元评价体系。多元评价体系的建立从目前来看是非常必要的，因为社会主义核心价值观本身内容具有抽象复杂性，而目前的教学手段也逐渐丰富，教育者和大学生身处千变万化的社会，无时无刻不获取多样的信息，单一的教育评价已经不能够满足时代的变化。利用大数据技术建立多元评价体系，成为社会主义核心价值观教育的必要。要通过大数据对大学生以及教育者各方面数据进行挖掘和分析，量化数据结果，将大学生和教育者的各方面信息都纳入评价系统，全方位地对大学生的学习能力、知识掌握水平、讨论互动效果等重要因素进行评价，制定出符合大学生个人能力和个体特征的教学方案，促进大学生个体发展，优化社会主义核心价值观教育效果。

参考文献

文献类

[1]《马克思恩格斯选集》第 1~4 卷，人民出版社，1995。

[2]《马克思恩格斯全集》第 1 卷，人民出版社，1995。

[3]《马克思恩格斯全集》第 2 卷，人民出版社，2005。

[4]《马克思恩格斯全集》第 13 卷，人民出版社，1998。

[5]《马克思恩格斯全集》第 20 卷，人民出版社，1971。

[6]《列宁全集》第 28 卷，人民出版社，1990。

[7]《毛泽东选集》第 1~4 卷，人民出版社，1991。

[8]《邓小平文选》第 2 卷，人民出版社，1994。

[9]《十四大以来重要文献选编》（上），中央文献出版社，1996。

[10]《十六大以来重要文献选编》（上），中央文献出版社，2005。

[11]《十六大以来重要文献选编》（下），中央文献出版社，2008。

[12]《十八大以来重要文献选编》（上），中央文献出版社，2014。

[13]《十九大以来重要文献选编》（上），中央文献出版社，2019。

[14] 习近平：《高举中国特色社会主义伟大旗帜　为全面建设社会主义现代化国家而团结奋斗——在中国共产党第二十次全国代表大会上的报告》，人民出版社，2022。

[15] 习近平：《青年要自觉践行社会主义核心价值观——在北京大学师生座谈会上的讲话》，人民出版社，2014。

[16]《习近平在哲学社会科学工作座谈会上的讲话》，人民出版社，2016。

[17]《普通高校思想政治教育课程文献选编（1949—2003）》，中国人民大学出版社，2003。

[18]《普通高校思想政治理论课文献选编：1949—2008》，中国人民大

学出版社，2008。

［19］顾明远、石中英：《国家中长期教育改革和发展规划纲要（2010—2020 年）解读》，北京师范大学出版社，2010。

著作类

［1］〔法〕亨利·法约尔：《工业管理与一般管理》，周安华等译，中国社会科学出版社，1982.

［2］〔美〕哈罗德·孔茨、西里尔·奥唐奈：《管理学》，中国人民大学工业经济系外国工业管理教研室译校，贵州人民出版社，1982。

［3］〔美〕尼尔·波兹曼：《娱乐至死》，章艳译，广西师范大学出版社，2004。

［4］〔英〕维克托·迈尔·舍恩伯格等：《大数据时代——生活、工作与思维的大变革》，盛杨燕、周涛译，浙江人民出版社，2012。

［5］〔英〕休谟：《人类理解研究》，关文运译，商务印书馆，1972。

［6］《毛泽东同志论教育工作》，人民教育出版社，1992。

［7］艾四林：《MOOC 与高校思想政治理论课教育教学创新》，北京大学出版社，2014。

［8］艾四林：《新形势下高校思想政治工作与思想政治理论课创新》，中国文史出版社，2018。

［9］白显良：《思想政治教育的马克思主义理论基础研究》，人民出版社，2014。

［10］本书编写组：《培育和践行社会主义核心价值观》，人民出版社，2014。

［11］陈玉琨：《教育评价学》，人民教育出版社，2003。

［12］戴钢书：《德育环境研究》，人民出版社，2009。

［13］董天策：《网络新闻传播学》，福建人民出版社，2004。

［14］冯刚、王树荫：《思想政治教育研究热点年度发布 2017》，团结出版社，2018。

［15］高国希：《道德哲学》，复旦大学出版社，2005。

［16］高国希：《走出伦理困境：麦金太尔道德哲学与马克思主义伦理学研究》，上海社会科学院出版社，1996。

［17］顾明远：《教育大辞典》，上海教育出版社，1998。

［18］韩震：《社会主义核心价值观五讲》，人民出版社，2012。

［19］郝立新：《历史选择论》，中国人民大学出版社，1992。

［20］郝立新：《马克思主义哲学研究述评》，中国人民大学出版社，2002。

［21］华东师范大学教育系：《现代西方资产阶级教育思想流派论著选》，人民教育出版社，1980。

［22］华国栋：《差异教学策略》，北京师范大学出版社，2009。

［23］华国栋：《差异教学论》，教育科学出版社，2001。

［24］黄蓉生等：《改革开放30年大学生思想政治教育论》，中国社会科学出版社，2012。

［25］江畅：《社会主义核心价值理念研究》，北京师范大学出版社，2012。

［26］李德顺：《价值论》，中国人民大学出版社，1987。

［27］李忠军：《高校辅导员工作案例研究方法与实证》，人民出版社，2010。

［28］李忠军：《社会主义核心价值体系统领大学生思想政治教育研究：内在逻辑与体系建构》，人民出版社，2014。

［29］林崇德：《心理学大辞典》，上海教育出版社，2003。

［30］刘毅：《网络舆情研究概论》，天津人民出版社，2007。

［31］刘颖、苏巧玲：《医学心理学》，中国华侨出版社，1997。

［32］柳礼泉：《教学研究与教学设计》，湖南大学出版社，2017。

［33］罗洪铁、周琪：《思想政治教育学理论的形成和发展研究》，中国文史出版社，2014。

［34］马特：《隐私权研究——以体系构建为中心》，中国人民大学出版社，2014。

［35］彭聃龄：《普通心理学》，北京师范大学出版社，2012。

［36］秦宣：《分化与整合：社会转型期的思想政治教育研究》，中国人民大学出版社，2017。

［37］秦宣：《中国特色社会主义新论》，中国人民大学出版社，2017。

［38］秦在东：《思想政治教育管理论》，湖北人民出版社，2003。

［39］沈壮海：《教育学导论》，武汉大学出版社，2005。

［40］沈壮海：《思想政治教育有效性研究》（第2版），武汉大学出版社，2008。

［41］孙来斌：《民族精神 时代精神 共同理想：中国特色社会主义共同理想》，武汉大学出版社，2014。

［42］孙其昂：《社会学视野中的思想政治工作》（第2版），科学出版社，2017。

［43］孙其昂：《思想政治教育学前沿研究》，人民出版社，2013。

［44］田海舰：《社会主义核心价值体系培育纲要》，人民出版社，2012。

［45］涂子沛：《大数据》，广西师范大学出版社，2012。

［46］王树荫：《中国共产党思想政治教育史》，中国人民大学出版社，2011。

［47］王学俭：《凝心聚力兴国魂：社会主义核心价值体系》，兰州大学出版社，2012。

［48］王学俭：《社会主义价值论纲》，人民出版社，2016。

［49］王学俭：《思想政治教育理论与实践问题的研究视角》，中国人民大学出版社，2017。

［50］项久雨：《思想政治教育价值论》，中国社会科学出版社，2003。

［51］杨现民、田雪松：《互联网+教育：中国基础教育大数据》，电子工业出版社，2016。

［52］周涛：《为数据而生——大数据创新实践》，北京联合出版公司，2016。

［53］朱颖原：《社会主义核心价值观多维研究》，人民出版社，2013。

［54］朱喆：《教育哲学思想简论》，湖北人民出版社，2005。

论文类

［1］艾政文：《美国学校核心价值观教育的方法、途径及启示》，《教学与管理》2010年第16期。

［2］艾政文：《新加坡青少年核心价值观教育及其启示》，《教育评论》2014年第10期。

［3］白显良：《培育和践行社会主义核心价值观需要深化认识的几个问

题》，《思想理论教育》2015年第10期。

［4］柏路：《推进高校社会主义核心价值观生活化的四个着力点》，《思想教育研究》2017年第7期。

［5］曹均学：《"中国近现代史纲要"课开展社会主义核心价值观教育的路径探析》，《思想理论教育导刊》2016年第3期。

［6］曹群、郑永廷：《社会主义核心价值观贯穿高校思想政治理论课教学的要义》，《思想理论教育导刊》2015年第2期。

［7］陈秉公：《社会主义核心价值观"高势位"建设基本理论研究》，《新长征》2017年第8期。

［8］陈灿芬：《日常生活新常态：大学生社会主义核心价值观培育的新视角》，《江西社会科学》2015年第8期。

［9］陈华洲、金瑶：《大学生社会主义核心价值体系教育研究述评》，《学校党建与思想教育》2011年第19期。

［10］陈锡喜：《关于社会主义核心价值观教育贯穿高校思想政治理论课教学全过程的思考》，《思想理论教育》2015年第6期。

［11］程恩富、郑一明：《关于社会主义核心价值体系研究和践行情况的调查报告》，《民主与科学》2010年第2期。

［12］戴木才：《做社会主义核心价值观的践行者》，《时事报告》（大学生版）2013年第2期。

［13］方爱东：《社会主义核心价值观论纲》，《马克思主义研究》2010年第12期。

［14］冯刚：《思想政治教育创新发展的四个着力点》，《教学与研究》2017年第1期。

［15］冯刚、王振：《着眼大学生成长发展需求，构建培育践行社会主义核心价值观长效机制》，《思想理论教育导刊》2017年第2期。

［16］冯留建：《社会主义核心价值观培育的路径探析》，《北京师范大学学报》（社会科学版）2013年第2期。

［17］付安玲、张耀灿：《大数据时代马克思主义理论教育的思维变革》，《学术论坛》2016年第10期。

［18］高峰：《国外核心价值观教育的经验与启示》，《思想理论教育》2015年第12期。

［19］高进：《新加坡共同价值观教育对我国德育的启示》，《教育探索》2011 年第 7 期。

［20］高凌飚：《关于"过程性评价"的思考》，《课程·教材·教法》2004 年第 10 期。

［21］葛春、李会松：《美国学校价值观教育实施及对我国核心价值观教育的启示》，《全球教育展望》2009 年第 1 期。

［22］顾海良：《高校思想政治理论课"要坚持在改进中加强"》，《思想理论教育导刊》2017 年第 1 期。

［23］韩同友、周亚军：《论红色资源对大学生社会主义核心价值观教育的现实价值》，《国家教育行政学院学报》2016 年第 10 期。

［24］韩振峰：《把社会主义核心价值体系融入高校思想政治教育的长效机制》，《思想政治工作研究》2012 年第 4 期。

［25］韩振峰：《积极培育和践行社会主义核心价值观》，《中国编辑》2013 年第 6 期。

［26］何祥林、吴长锦：《以社会主义核心价值观引领高校师德建设》，《中国高等教育》2015 年第 18 期。

［27］何旭娟、邓敏等：《网络环境下大学生践行社会主义核心价值观的现状与对策》，《湖南社会科学》2017 年第 5 期。

［28］何彦新、古帅：《基于文化认同的大学生社会主义核心价值观培育》，《思想理论教育导刊》2017 年第 7 期。

［29］侯劭勋：《互联网环境下大学生认同与践行社会主义核心价值观的思考》，《思想理论教育》2018 年第 4 期。

［30］胡建、冯开甫：《红色资源：大学生社会主义核心价值观教育的重要载体》，《思想理论教育导刊》2016 年第 1 期。

［31］江畅：《论当代中国价值观构建》，《马克思主义与现实》2014 年第 4 期。

［32］姜奇平：《大数据时代到来》，《互联网周刊》2012 年第 1 期。

［33］焦连志、黄一玲：《以中华优秀传统文化培育大学生社会主义核心价值观认同路径探析》《山西高等学校社会科学学报》2015 年第 8 期。

［34］李国杰：《对大数据的再认识》，《大数据》2015 年第 1 期。

［35］李海春：《高校价值观环境与社会主义核心价值观培育方法论

析》,《思想教育研究》2017 年第 3 期。

[36] 李红星:《"基础"课融入社会主义核心价值观教育的思考与实践》,《思想理论教育导刊》2015 年第 11 期。

[37] 李俊:《大数据下高等教育管理的挑战及对策研究》,《中国成人教育》2016 年第 9 期。

[38] 李延舜:《大数据时代信息隐私的保护问题研究》,《河南社会科学》2017 年第 4 期。

[39] 李艳:《红色文化资源与大学生社会主义核心价值观培育》,《广西社会科学》2017 年第 10 期。

[40] 刘长龙:《当代中美核心价值观教育比较之启示》,《学术论坛》2008 年第 9 期。

[41] 刘根成:《新加坡价值观教育对我国社会主义核心价值观教育的启示》,《亚太教育》2016 年第 21 期。

[42] 刘贵芹:《学习贯彻十六届六中全会精神用社会主义核心价值体系教育大学生》,《学校党建与思想教育》2006 年第 11 期。

[43] 刘洪波:《高校社会主义核心价值观教育探析——基于美国核心价值观教育的经验》,《思想政治教育研究》2016 年第 4 期。

[44] 刘建军:《高校培育和践行社会主义核心价值观的四个步骤》,《思想理论教育》2016 年第 3 期。

[45] 刘立:《运用大数据优化社会主义核心价值观大众化宣传教育》,《思想理论教育导刊》2017 年第 12 期。

[46] 刘奇葆:《在全社会大力培育和践行社会主义核心价值观》《党建》,2014 年第 4 期。

[47] 刘新庚、唐励:《大数据与大学生核心价值观培育的耦合与路径》,《求索》2017 年第 1 期。

[48] 刘云山:《着力培育和践行社会主义核心价值观》,《求是》2014 年第 2 期。

[49] 龙静云、熊富标:《社会主义核心价值体系研究综述》,《学校党建与思想教育》2009 年第 14 期。

[50] 龙妮娜:《大学生社会主义核心价值观教育联动协同机制研究》,《广西社会科学》2016 年第 6 期。

[51] 龙一平、沈绍睿：《论美国学校核心价值观教育的途径及对我国的启示》，《教育探索》2009 年第 6 期。

[52] 罗迪：《文化认同视角下的大学生社会主义核心价值观教育》，《思想教育研究》2014 年第 2 期。

[53] 骆郁廷：《论社会主义的核心价值》，《马克思主义研究》2014 年第 8 期。

[54] 骆郁廷：《论网络思想政治教育的主体与客体》，《马克思主义与现实》2016 年第 2 期。

[55] 马健生、孙珂：《在传统与现代之间：英国大学生主流价值观教育探析》，《外国教育研究》2011 年第 10 期。

[56] 毛鸽：《互联网新常态下大学生社会主义核心价值观的培育》，《山东社会科学》2016 年第 S1 期。

[57] 毛华兵、刘苏燕：《列宁帝国主义理论中的时代观及其当代启示》，《当代世界与社会主义》2017 年第 3 期。

[58] 毛颖、王超：《大学生社会主义核心价值观生活化培育机制研究》，《高教探索》2017 年第 1 期。

[59] 梅萍：《"90 后"大学生人生信仰的总体态势与因素分析》，《学校党建与思想教育》2011 年第 28 期。

[60] 梅荣政：《领悟和践行社会主义核心价值观的三点思考》，《学校党建与思想教育》2015 年第 15 期。

[61] 潘玉腾：《欧美国家推进核心价值观大众化的经验及启示》，《思想理论教育》2011 年第 3 期。

[62] 乔惠波：《优秀传统文化涵养大学生社会主义核心价值观的理论基础与现实路径》，《教育评论》2017 年第 10 期。

[63] 秦宣：《培育和践行社会主义核心价值观的制度保障》，《思想教育研究》2015 年第 2 期。

[64] 邱柏生：《试论开展社会主义核心价值体系教育的话语体系支撑》，《思想理论教育导刊》2010 年第 11 期。

[65] 邱柏生、张洋：《社会主义核心价值体系教育的结构分析》，《思想理论教育导刊》2009 年第 12 期。

[66] 邱仁宗、黄雯等：《大数据技术的伦理问题》，《科学与社会》

2014 年第 1 期。

[67] 任志锋：《大学生社会主义核心价值观认同的日常生活维度》，《教学与研究》2016 年第 12 期。

[68] 佘双好：《以文化人与社会主义核心价值观践行培育的方法研究》，《思想教育研究》2015 年第 12 期。

[69] 石海兵、刘继平：《论大学生生活与社会主义核心价值观教育》，《思想理论教育》2013 年第 3 期。

[70] 石海兵、刘继平：《论大学生生活与社会主义核心价值观教育》，《思想理论教育》2013 年第 3 期。

[71] 苏洁：《社会主义核心价值观教育在高校形势与政策课教学中的实施策略》，《教育探索》2010 年第 3 期。

[72] 苏景荣、叶荔辉：《大学生社会主义核心价值观生活化培育问题探讨》，《中共福建省委党校学报》2016 年第 7 期。

[73] 孙长虹：《我国传统经验思维方式及其影响》，《江西社会科学》2012 年第 4 期。

[74] 孙洪涛、郑勤华：《教育大数据的核心技术、应用现状与发展趋势》，《远程教育杂志》2016 年第 5 期。

[75] 孙建青、赵春娟：《美国大学生核心价值观教育特点分析及启示》，《山东青年政治学院学报》2014 年第 3 期。

[76] 孙来斌：《用核心价值观撑起中华民族的精神家园》，《学习月刊》2014 年第 11 期。

[77] 孙兰英、任怡康：《新媒体视域下大学生社会主义核心价值观培育的途径探析》，《天津大学学报》（社会科学版）2016 年第 1 期。

[78] 孙平：《大数据时代大学生社会主义核心价值观培育的路径探索》，《学校党建与思想政治教育》2015 年第 21 期。

[79] 檀江林、项银霞：《大学生社会主义核心价值观培育和践行的逻辑理路与实现路径》，《广西社会科学》2017 年第 7 期。

[80] 唐凯麟：《加强社会主义核心价值体系教育是"思想道德修养与法律基础"课教育的重要任务——从〈思想道德修养与法律基础（2007 年修订版）〉教材修订谈起》，《思想理论教育导刊》2008 年第 10 期。

[81] 唐克军、文小莉：《美国高校的价值追求与校园文化建设》，《现

代大学教育》2009 年第 1 期。

[82] 唐平秋：《微文化背景下大学生社会主义核心价值观认同危机及治理路径》，《探索》2015 年第 1 期。

[83] 唐平秋、卢尚月：《新媒体环境下大学生社会主义核心价值观培育的思考》，《思想理论教育导刊》2015 年第 4 期。

[84] 唐雪莲、岳柏冰：《新媒体环境下大学生社会主义核心价值观养成教育》，《理论视野》2014 年第 6 期。

[85] 田霞、范梦：《新媒体环境下大学生社会主义核心价值观教育影响因素及对策研究》，《思想理论教育导刊》2016 年第 12 期。

[86] 王炳林、郝清杰：《努力践行社会主义核心价值观》，《社会主义核心价值观研究》2015 年第 1 期。

[87] 王功敏：《新媒体环境下大学生社会主义核心价值观教育的机制构建》，《思想理论教育导刊》2015 年第 9 期。

[88] 王建新：《论培育大学生社会主义核心价值观的方法》，《思想政治课研究》2015 年第 5 期。

[89] 王丽英、曲士英：《基于文化认同的大学生社会主义核心价值观培育路径》，《黑龙江高教研究》2015 年第 8 期。

[90] 王凌宇、梁君等：《中华优秀传统文化涵养大学生社会主义核心价值观的路径研究》，《思想教育研究》2017 年第 4 期。

[91] 王树荫、石亚玲：《当代青年践行社会主义核心价值观的科学指南》，《中国高等教育》2014 年第 2 期。

[92] 王双群、潘学良：《新媒体与大学生社会主义核心价值观培育》，《湖北社会科学》2014 年第 11 期。

[93] 王为全：《以社会主义核心价值体系为统领的"原理"课教学内容设计》，《思想教育研究》2013 年第 3 期。

[94] 王学俭、李东坡：《培育和践行核心价值观的原则、路径和机制研究》，《中国特色社会主义研究》2014 年第 3 期。

[95] 王易、安丽梅：《传统家训在培育和践行社会主义核心价值观中的作用探析》，《思想教育研究》2017 年第 8 期。

[96] 王泽应：《社会主义核心价值观之本质规定性及路径选择》，《湖南师范大学社会科学学报》2007 年第 5 期。

［97］邬贺铨：《大数据时代的机遇与挑战》，《求是》2013 年第 4 期。

［98］吴潜涛：《弘扬传统文化是践行核心价值观的重要抓手》，《学习月刊》2014 年第 17 期。

［99］吴潜涛：《积极培育和践行社会主义核心价值观的若干问题——访清华大学高校德育研究中心副主任吴潜涛教授》，《思想理论教育导刊》2014 年第 11 期。

［100］吴潜涛：《培育和践行社会主义核心价值观重要意义的几点思考》，《思想教育研究》2015 年第 2 期。

［101］吴潜涛：《培育践行核心价值观在实践层面的紧迫性》，《中国高等教育》2015 年第 5 期。

［102］吴潜涛：《正确理解理想信念的科学含义》，《教学与研究》2011 年第 4 期。

［103］吴潜涛、张新桥：《"四个全面"论域下培育和践行社会主义核心价值观新思考》，《社会科学战线》2015 年第 6 期。

［104］吴倬：《关于社会主义核心价值观问题的理论思考》，《教学与研究》2008 年第 6 期。

［105］项久雨、任杰：《大学生践行社会主义核心价值观存在的问题及成因》，《学校党建与思想教育》2015 年第 11 期。

［106］肖贵清、武传鹏：《社会主义核心价值观融入高校思想政治理论课的重要意义及其路径》，《思想教育研究》2017 年第 3 期。

［107］辛志勇、金盛华：《西方学校价值观教育方法的发展及其启示》，《比较教育研究》2002 年第 4 期。

［108］熊建生、王占锋：《论社会主义核心价值体系的亲民属性》，《中共贵州省委党校学报》2013 年第 5 期。

［109］徐柏才：《论大学生社会主义核心价值观构建的主要原则》，《理论月刊》2011 年第 10 期。

［110］徐柏才、崔龙燕：《大学生践行社会主义核心价值观路径探讨》，《思想政治教育研究》2015 年第 4 期。

［111］徐瑞鸿、戴钢书：《中国传统社会核心价值观培育和践行路径探析》，《学术论坛》2014 年第 9 期。

［112］徐艳国：《在高校学生党建工作中全面贯彻社会主义核心价值体

系要求》，《学校党建与思想教育》2007 年第 8 期。

[113] 杨威：《国外价值观教育的当代复兴及研究现状》，《教学与研究》2017 年第 9 期。

[114] 杨威：《国外价值观教育研究：目标、内容与方法》，《思想理论教育》2017 年第 10 期。

[115] 杨鲜兰、刘怀元：《论城市精神与社会主义核心价值观》，《湖北社会科学》2015 年第 7 期。

[116] 杨晓慧：《关于培育和践行社会主义核心价值观的几个区分与协调》，《社会主义核心价值观研究》2015 年第 1 期。

[117] 杨晓慧：《社会主义核心价值体系融入大学生思想政治教育全过程论析》，《东北师大学报》（哲学社会科学版）2009 年第 5 期。

[118] 杨雄：《大学生践行社会主义核心价值观路径探析——以中华优秀传统文化传承为视角》，《中国劳动关系学院学报》2016 年第 4 期。

[119] 杨业华、于雨晴：《论大学生敬业价值观的培育和践行》，《思想教育研究》2015 年第 2 期。

[120] 杨增崒、李敏敏：《美国社会核心价值观建设的主要路径及其启示》，《学术论坛》2014 年第 12 期。

[121] 于安龙：《虚拟的网络与真实的道德——大学生社会主义核心价值观培育的网络道德之维》，《中国青年研究》2016 年第 8 期。

[122] 宇文利等：《社会主义核心价值观三人谈》，《前线》2014 年第 6 期。

[123] 喻滨：《接受与认同：高校社会主义核心价值观教育的关键》，《中国青年社会科学》2016 年第 6 期。

[124] 喻义东：《社会主义核心价值观基本属性及教育原则探析》，《河海大学学报》（哲学社会科学版）2015 年第 2 期。

[125] 臧乃康：《国外推进主流价值观建设做法及其借鉴》，《理论导刊》2007 年第 9 期。

[126] 张锋军：《大数据技术研究综述》，《通信技术》2014 年第 11 期。

[127] 张剑：《学生的价值观教育探析——以美国哈佛大学通识教育为例》，《毛泽东邓小平理论研究》2012 年第 4 期。

[128] 张雷声：《把社会主义核心价值体系融入思想政治理论课的教育

教学》,《高校理论战线》2012 年第 4 期。

　　[129] 张玲玲:《社会主义核心价值观融入"毛泽东思想和中国特色社会主义理论体系概论"课教学的思考》,《思想理论教育导刊》2017 年第 11 期。

　　[130] 张琼:《网络境域下大学生社会主义核心价值观认同探析》,《思想教育研究》2013 年第 4 期。

　　[131] 张蓉蓉、白林立:《利用现代媒体培养大学生社会主义核心价值观》,《兰州大学学报》(社会科学版) 2012 年第 6 期。

　　[132] 张耀灿:《榜样文化: 社会主义核心价值观培育机制的构建》,《学校党建与思想教育》2014 年第 13 期。

　　[133] 张耀灿:《以社会主义核心价值体系引领和谐校园文化建设》,《高校理论战线》2012 年第 3 期。

　　[134] 张轶瑶、田海平:《大数据时代信息隐私面临的伦理挑战》,《自然辩证法研究》2017 年第 6 期。

　　[135] 张陟遥、戴玉琴:《核心价值观教育范式问题探析——以新加坡高校的核心价值观教育为例》,《毛泽东邓小平理论研究》2013 年第 9 期。

　　[136] 张忠良:《把社会主义核心价值体系融入高校思想政治教育之中》,《高校理论战线》2007 年第 5 期。

　　[137] 赵金广:《论新媒体技术条件下大学生社会主义核心价值观的培养》,《河北学刊》2014 年第 5 期。

　　[138] 周利方、沈全:《国外核心价值观建设的实践类型及启示》,《理论月刊》2011 年第 11 期。

　　[139] 周琪:《社会主义核心价值观融入高校思想政治理论课的三个转向及实现》,《思想教育研究》2015 年第 12 期。

　　[140] 周中之:《社会主义核心价值体系教育研究》,《思想教育研究》2008 年第 3 期。

　　[141] 祝琴、戴钢书:《论邓小平青年社会主义核心价值体系教育思想》,《学校党建与思想教育》2010 年第 5 期。

　　[142] 邹绍清、郭东方:《大数据时代青年社会主义核心价值观培育的现实困境及实践路径探讨》,《马克思主义研究》2016 年第 9 期。

　　[143] 左敏、李冠杰:《"特洛伊木马"事件与当代英国价值观建设》,

《当代世界与社会主义》2016年第1期。

学位论文

［1］王婧：《大数据时代大学生道德教育研究》，西南大学博士学位论文，2015。

［2］吴朝文：《大数据视阈下高校马克思主义大众化研究》，电子科技大学博士学位论文，2017。

［3］谢继华：《大数据视阈下高校网络思想政治教育创新研究》，电子科技大学博士学位论文，2018。

［4］张燕南：《大数据的教育领域应用之研究——基于美国的应用实践》．华东师范大学博士学位论文，2016。

外文文献

［1］Kinderlerer, Julian et al. *Ethics of Information and Communication Technologies*, Opinion of the European Group on Ethics in Science and New Technologies to the European Commission. 2012.

［3］H. A. Simon, *Administrative Behavior, Fourth edition* (New York: the free press, 1997) .

图书在版编目（CIP）数据

大学生社会主义核心价值观教育研究：以大数据时代为背景 / 李霄著. -- 北京：社会科学文献出版社，2024.6. -- ISBN 978-7-5228-3845-8

Ⅰ. G641

中国国家版本馆 CIP 数据核字第 2024RV6305 号

大学生社会主义核心价值观教育研究
—— 以大数据时代为背景

著　　者 / 李　霄

出 版 人 / 冀祥德
责任编辑 / 吕霞云
文稿编辑 / 茹佳宁
责任印制 / 王京美

出　　版 / 社会科学文献出版社·马克思主义分社（010）59367126
　　　　　　地址：北京市北三环中路甲 29 号院华龙大厦　邮编：100029
　　　　　　网址：www.ssap.com.cn
发　　行 / 社会科学文献出版社（010）59367028
印　　装 / 三河市尚艺印装有限公司

规　　格 / 开　本：787mm×1092mm　1/16
　　　　　　印　张：11.75　字　数：193 千字
版　　次 / 2024 年 6 月第 1 版　2024 年 6 月第 1 次印刷
书　　号 / ISBN 978-7-5228-3845-8
定　　价 / 85.00 元

读者服务电话：4008918866